DAS

BRENNENDE

HERZ

DIE ART VON CHRISTENTUM, DIE IN VERGESSENHEIT GERIET

PHILIPP J. SCHMEROLD

Wenn nicht anders vermerkt, wurden die Bibelstellen der
Schlachter-Bibel entnommen.

Originaltitel:
The burning heart – the forgotten expression of Christianity

Autor:
Mehr Infos über den Autor unter
www.PhilippSchmerold.com

Herausgabe und Vertrieb:
© 2015 SHALOM-VERLAG. Alle Rechte vorbehalten.
Nibelungenstraße 1 * 94086 Bad Griesbach * Deutschland

Dieses Werk wird veröffentlicht und verkauft mit Erlaubnis
von Philipp J. Schmerold, dem Inhaber aller Rechte zur Veröf-
fentlichung und zum Verkauf dieses Werkes.
1. Auflage 2015

ISBN 978-3-940794-81-9

Übersetzung: Damaris Egboh
Satz und Covergestaltung: Michael Schmidt
Illustration: shutterstock.com / Dudarev Mikhail©
Druck: Booksfactory, www.booksfactory.de

„Und sie sprachen untereinander:
Brannte nicht unser Herz in uns, da er
mit uns redete auf dem Wege, als er uns
die Schrift öffnete?"

Lukas 24,32, Luther

EMPFEHLUNGEN

Ich traf Philipp auf einer Missionsreise in Taiwan. Während unserer gemeinsamen Zeit dort merkte ich, wie hungrig und durstig er nach der Gegenwart Gottes ist. Er diente später in einem Gottesdienst in Fernvale, Australien, bei dem mehrere Gemeinden zusammenkamen. Er ist ein dynamischer und kraftvoller Verkündiger des Evangeliums von Jesus Christus. Am Vortag führte er auf der Straße in Brisbane innerhalb von zwei Stunden 12 Menschen zu Jesus. Er ist „the real deal"!

Mike Behrends

Pastor der Trax Christian Church in Lowood, Australien

Ich durfte Philipp als Bibelschüler der Bethel School of Supernatural Ministry kennenlernen und habe mich oft mit ihm darüber unterhalten, wie wir Menschen für Jesus Christus erreichen können. Es ist ein Segen für mich, zu sehen, wie Philipp als junger Mensch die Fackel des Himmels nimmt und die Botschaft der Errettung in die ganze Welt trägt. Philipp brennt wirklich dafür, dass Menschen durch die Kraft Gottes gerettet, geheilt und befreit werden. Ich habe miterlebt, wie Philipp in der Gnade Gottes und der Berufung auf seinem Leben gewachsen ist. Er ist berufen, die Welt für Jesus Christus zu erreichen und sein Herz brennt für die Errettung von Menschen. Dieses Buch wird ein Feuer in Ihrem Herzen entfachen, um Menschen für Jesus zu erreichen, egal ob Sie jung oder alt sind. Wenn wir nur ein Leben haben, dann leben wir es so, dass es im Licht der Ewigkeit sinnvoll ist. Ich hoffe, dass Sie durch dieses Buch ermutigt werden, die Welt für Jesus Christus zu erreichen.

Chris Overstreet

Evangelist/Pastor der Bethel-Gemeinde in Redding, Kalifornien

Philipp ist Mitglied der Freien Christengemeinde in Braunau, in der ich seit zwei Jahren als Gemeindeleiter und Pastor diene. Bereits vorher hatte ich schon das Vorrecht, Philipp kennenzulernen, nachdem er sich für Jesus entschieden hat. Seine klare, kompromisslose Umkehr und Hingabe an Jesus hat mich schon damals begeistert. Jetzt, einige Jahre später, hat er nichts von diesem Feuer verloren, es scheint mir sogar, dass er noch eifriger für Gottes Reich brennt und Menschen für Christus gewinnt. Nicht nur sein Eifer, sondern auch seine Liebe zu Menschen ist ansteckend und nachahmenswert, ob dies in unserem Land ist oder auch in anderen Ländern und Kulturen. Auf einer gemeinsamen Reise in Südasien konnte ich erleben, wie Philipp den Menschen in der Liebe Christi begegnet und sie zu Christus führt.

Dieses Buch zeigt auf, dass für Gott nichts unmöglich ist, er kann Menschen total verändern und zu überzeugenden Evangelisten machen. Das Buch ist auch herausfordernd für den Leser, sich diesem Gott völlig hinzugeben und von Ihm gebrauchen zu lassen.

Edwin Jung, Pastor
Vorsitzender der Freien Christen-
und Pfingstgemeinden in Österreich

Dieses Buch zeigt auf, wie Gott Menschen verändert! Er hat das harte und unbarmherzige Herz von Philipp verwandelt in ein Herz voller Barmherzigkeit für die, die Jesus Christus noch nicht als ihren Erlöser kennen. Ich durfte die Familiengeschichte während etwa 20 Jahren miterleben. Viele Wunder sind geschehen und Gott hat das Leben von Philipp nicht aufgegeben, sondern hat ihn berufen, das rettende und heilende Evangelium zu predigen. Die Kraft Gottes setzt Menschen frei, ihre Berufung zu erkennen und zu leben, und genau davon spricht dieses Buch.

Oskar Kaufmann
Pastor der Freien Christengemeinde Bürmoos

Philipp Schmerold ist ein junger Evangelist, der es außerordentlich gut versteht, junge Menschen für den Dienst zu gewinnen. Dieses Buch gibt zudem Einblicke in seine Erfahrungen als aktiver und erfolgreicher Diener Gottes. Ich bin überzeugt, dass dieses Buch jedem jungen Menschen im Herrn helfen wird, in seinem Wandel mit Christus zu wachsen. Als junger Evangelist und Lehrer weiß Philipp, wie man eine gute Grundlage für das Leben und den Dienst legt. Ich glaube, dass sein Verlangen, so zu leben wie Jesus, ihn sehr weit im Leben bringen wird. Jeder, der sich für das öffnet, was Philipp in diesem Buch niedergeschrieben hat, kann das Gleiche erreichen. Ich hoffe, dieses Buch wird viele segnen.

Mark Anderson

Autor von „DEMUT: Der verborgene Schlüssel, um Zeichen und Wunder zu erleben"

Philipp ist bereits seit mehreren Jahren ein guter Freund von mir. Seit ich ihn kenne, verstehe ich, was Gott damit meinte, als Er sagte: „Die nach mir suchen, werden mich finden." Dieser junge Mann hat das Herz Gottes, um die Verlorenen zu Jesus kommen zu sehen, und ist diesem Ruf seitdem treu geblieben. Ich bin begeistert darüber, dass Philipp dieses Buch geschrieben hat, damit er andere an der Kraft des Evangeliums teilhaben lassen kann und damit auch Sie ein Leben von der Überzeugung der Liebe Gottes leben können. Seien Sie bereit, mehr zu empfangen, und lassen Sie sich beim Lesen herausfordern und wachrütteln.

Ben Fitzgerald

Evangelist/Pastor der Bethel-Gemeinde in Redding, Kalifornien, USA, Direktor von GODfest ministries

Ich kenne Philipp seit seiner Zeit als rebellischer Teenager. Seine Mutter rief mich immer wieder an und bat mich unter Tränen, für Philipp zu beten. Wieder einmal wurde er verhaftet oder kam betrunken und blutverschmiert nach Hause. Bestimmte Momente werde ich nie vergessen, z. B. wie Gott mir ein Wort für Philipp während eines Heilungsgottesdienstes gab, den wir während meiner Zeit als Pastor in Österreich im Gasthaus seiner Eltern organisiert hatten. Philipp stand mit einigen Nazi-Freunden in der Nähe des Ausgangs, als ich zu ihm sprach: „Siehst du den Mann auf der Bühne?" Ich zeigte auf Carl-Gustaf Severin aus Uppsala, Schweden. „Eines Tages wirst du genauso auf einer Bühne stehen und vor Tausenden predigen. Du hast eine Berufung Gottes auf deinem Leben." Er war von den Worten nicht sehr begeistert und verließ die Versammlung kurz darauf mit seinen Freunden. In den nächsten Jahren hielt er weiter an seinen Neonazi-Gruppen, Alkohol und Gewalt fest.

In diesem Buch lesen Sie ein starkes Zeugnis über einen jungen Mann, der vor Gott weglief und Ihm schließlich sein Leben übergab. Gott machte aus einem verachteten Menschen einen reifen Christen, der zu einem großen Vorbild des Glaubens geworden ist. Das Buch, das Sie in Ihren Händen halten, ist keine theologische Abhandlung, sondern die Frucht eines Gott hingegebenen Lebens. Es ist jedoch auch ein Buch darüber, was Gott in Ihrem Leben tun kann. Was für eine große Ermutigung für Eltern, die für ihren verlorenen Sohn beten, und auch für uns alle, die wir die Verlorenen erreichen wollen.

Kent Anderson

Pastor von Filadelfia Eydehavn, Norwegen

Philipp Schmerold ist ein Mann, der für Gott brennt. Das ist nicht gekünstelt, sondern echt. Was er in „Das brennende Herz" schreibt, gibt diese Echtheit wieder. Dies sind keine theoretischen Worte einer Person, die gern Seelen für Jesus gewinnen möchte, sondern praktische Wahrheiten aus dem Herzen von einem, der diese Wahrheiten jeden Tag lebt und deren übernatürliche Bestätigung erfährt, indem Menschen zu Jesus Christus kommen. Sie werden herausgefordert, den Fußstapfen einer Person zu folgen, die den Herzschlag des himmlischen Vaters gehört und sich fest entschlossen hat, den großen Missionsbefehl kompromisslos auszuführen.

Fred Lambert

Direktor der Rhema-Bibelschule in Österreich
Pastor der Freien Christengemeinde Wels, Österreich

Vor einem Jahr traf ich Philipp bei meinem Besuch der Bethel-Gemeinde in Redding, Kalifornien. Während wir sprachen, spürte ich sein brennendes Herz voller Liebe und seinen ständigen Hunger nach Gottes Gegenwart. Seit unserer ersten Begegnung sind wir enge Freunde. Er diente in meiner Gemeinde in Deutschland und zog uns wirklich mehr in Gottes Gegenwart hinein; er zeigte uns, wie wichtig ein Leben in enger Verbindung mit Gott ist und wie wir aus dieser Gemeinschaft heraus Gottes Liebe einer verlorenen und kaputten Gesellschaft weitergeben können. Sein Buch wird Sie motivieren und inspirieren, Gott und die Verlorenen von ganzem Herzen und mit aller Ihrer Kraft zu lieben und Jesus überall zu repräsentieren.

Markus Eugster

Pastor des Christuszentrums Weißenburg, Deutschland

Es wird sehr schnell klar, das Philipp etwas zu sagen hat. Dieses Buch gibt dem Leser einen direkten Einblick in das Herz eines Menschen und führt Sie durch die Grundwerte der Einstellung und des Herzens eines Christen, der sich nach einer persönlichen Bewegung Gottes sehnt. Außerdem zeigt es auf, wie sich dieser Wunsch nachhaltig auf unsere Generation auswirkt. Das Buch wird Sie auf die Ernte einstimmen!

Dr. John Garcia
Pastor der Legacy Church in Tampa, Florida, USA

Vor ein paar Jahren hörte ich das erste Mal von Philipp, als eine gute Freundin von mir, welche Friseurin ist, ihm die Haare schnitt und mir später berichtete: „Wenn Philipp in der Nähe ist, spüre ich die Gegenwart Gottes." Sie war so inspiriert von seinem feurigen Leben für Jesus. Kurze Zeit später traf ich Philipp und machte dieselbe Erfahrung. Als ich ihn näher kennenlernte, spürte ich, wie mein Glaube und mein Feuer für Gott mit jedem Treffen zunahmen. Philipps Leben ist eine einzige Flamme, die seine Umgebung erfasst! Ich bin so froh darüber, dass er nun in „Das brennende Herz" sein Herzensanliegen auf Papier gebracht hat. Dies ist ein Buch mit gewaltigen Offenbarungen des Himmels, das von seiner intimen Beziehung zu Gott und seiner Identität fließt. Lassen Sie sich inspirieren und herausfordern, Gott noch mehr zu suchen. Verstehen Sie, was das wahre Evangelium wirklich ist; ein Evangelium, das es wert ist, alles dafür zu geben, weil Jesus jeden erdenklichen Wert übersteigt!

Jason Chin
Autor von Love Says Go
Gründer der Love Says Go Academy,
einer Schule des übernatürlichen Dienstes

WIDMUNG

Ich widme dieses Buch Steve Hill[1], der im März 2014 heimging zu unserem Herrn. Wir haben uns nie getroffen, aber eines Tages im Himmel werde ich dir erzählen können, wie du mein Leben beeinflusst hast.

Strenge Wörter flossen von deinen Lippen, aber Tränen der Liebe von deinem Gesicht. Die Leute, die dich nicht mochten oder dich nicht verstanden, konnten die unzähligen Stunden, in denen du über verlorene Seelen weintest, nicht sehen.

Danke für all das, was du mir geschrieben hast, bevor ich in den Dienst kam. Ich verspreche dir, meine Werke werden GOTTES Werke sein, nicht nur GUTE Werke. Ich werde am Tag des Gerichts nicht knietief in der Asche stehen.

Du hast meiner Aufgabe hier auf der Erde einen Rahmen gegeben. Wir brauchen mehr Menschen, so wie du einer warst, und genau wie du habe ich mich entschlossen, mich ganz für die Errettung der Verlorenen hinzugeben. Du hast ein Erbe hinterlassen. Eines Tages beim Hochzeitsmahl des Lammes werde ich dir meine Geschichte erzählen...

INHALTSVERZEICHNIS

VORWORT

Jesus war sich sehr im klaren darüber, was Sein Herzschlag ist: Er ist gekommen, um Verlorene zu suchen und zu retten.

Philipp ist ein junger Prediger, der durch die Kraft des Evangeliums eine dramatische Bekehrung erlebte. Nun verkündigt er selbst dieses Evangelium auf der ganzen Welt, und Gott bestätigt dies mit Zeichen und Wundern. Lassen Sie sich vom Geist Gottes aufrütteln, aber auch von der Liebe Jesu überwältigen, die Sie auf jeder Seite des Buchs finden, das ein Mann geschrieben hat, der nur einen Sinn im Leben sieht: Den Namen JESU, der über jeden anderen Namen ist, zu erhöhen.

Ich kenne Philipp und empfehle ihn sehr.

Evangelist *Daniel Kolenda*

Präsident von Christus für alle Nationen

Autor von "Lebe, bevor es zu spät ist"

EINLEITUNG

Es war 3 Uhr morgens. Ich lag auf dem Boden außerhalb einer Bar. Alles, was ich um mich herum sehen konnte, waren Füße. Leute traten mich heftig und Blut lief mein Gesicht hinunter. Ich schaute auf und sah meinen Kumpel, der ebenso am Boden lag. Drei Leute schlugen gleichzeitig auf ihn ein. Er stand auf und murmelte fast nicht mehr bei Bewusstsein: „Hier bin ich, ihr könnt mich nicht besiegen!" Jemand schlug von hinten mit einer Eisenstange auf meinen Kumpel ein. Auch er war voller Blut.

Erneut ging er zu Boden nieder und wurde wie von Wölfen von mehreren Leuten gleichzeitig angegriffen. Ich konnte kurzzeitig aus meiner eigenen Situation entkommen, rannte zu ihm rüber und schlug und trat so viele der Angreifer, wie ich konnte – nur um kurz danach wieder auf dem Boden zu landen und selbst getreten zu werden. Wir kämpften in dieser Nacht gegen eine Motorrad-Gang. Sie hatten unsere Fahne angegriffen, deshalb mussten wir verteidigen, wofür wir standen. Das Problem jedoch war, dass wir zu wenige waren. Wir hatten keine Chance.

Schließlich kam die Polizei und beendete die Situation. Kurz darauf fand ich mich selbst auf der Polizeistation wieder. Geschehnisse wie jenes trugen sich regelmäßig zu, weil mein Herz voller Hass war. Obwohl mir völlig bewusst war, dass ich Menschen verletzte und auch oft selbst verletzt wurde, machte das nicht wirklich einen Unterschied.

Wir kämpften mit aller Stärke und mit allem, was wir hatten, für das, was wir waren. Wir waren eine extrem rassistische Gruppierung, die für ihre Ideale und ihren Stolz in den Tod gehen würde. Ich fragte mich oftmals: „Wie in aller Welt kam ich mit solchen vergleichsweise lächerlichen Verletzungen davon? Ich sollte eigentlich schon hundertmal tot gewesen sein!"

Jahre später erkannte ich, dass Gott Seine schützende Hand über meinem Leben hatte, obwohl ich Ihm nicht einmal nachgefolgt war.

Es scheint wahr zu sein, was Jesus sagte: **„Denn er (der himmlische Vater) lässt seine Sonne aufgehen über Böse und Gute und lässt es regnen über Gerechte und Ungerechte."** (Matthäus 5,45)

Ich glaube nicht, dass meine Geschichte in irgendeiner Art speziell ist. Deshalb handelt auch nur ein kleiner Teil dieses Buches von meiner Vergangenheit. Ich glaube, dass das neue Leben in Christus viel wichtiger ist als die Sünden von irgend jemandem, egal, wer es ist. Ich bin auch nicht stolz auf die Dinge, die passiert sind, oder auf das, was ich getan habe. Ich bete, dass alles, was ich sage, und alles, was ich erlebt habe, nun einem einzigen Zweck dient: der Verherrlichung Jesu Christi, dem Retter der Welt. In meinem Fall passierte nichts anderes, als dass eine hoffnungslos verlorene Person zu Jesus kam. Dies hier ist nicht die Geschichte über jemand Besonderen, sondern es geht um einen Niemand, der durch Jesus Christus Leben gefunden und jetzt das Privileg hat, Ihn zu kennen und Ihn bekannt zu machen.

Jesus macht aus Nichts etwas Wertvolles. Ich war voller Sünde, doch ER machte mich heilig. Ich war ein Trinker, jetzt bin ich nüchtern. Ich war voller Hass, Er verwandelte alles in Liebe. Ich hasste das jüdische Volk, jetzt bete ich für Israel. Ich habe mich gefürchtet, vor Leuten zu sprechen, nun habe ich mittlerweile zu Tausenden gepredigt. Jesus nimmt etwas, was Sie nicht sind, und macht etwas daraus, was Sie in Seinen Augen sind. Das Evangelium funktioniert wirklich.

Es gibt ein altes chinesisches Sprichwort, das besagt: „Zuerst nimmt der Mann einen Drink. Dann nimmt der Drink einen Drink. Dann nimmt der Drink den Mann." Dieser Spruch beschreibt die wahre Absicht der Sünde. Menschen leben so lange in Dunkelheit, bis es ihre Identität wird. Sie können vielleicht alle anderen für dumm verkaufen und nach außen hin so aussehen, als wäre alles in Ordnung, aber es ist unmöglich, Gott etwas vorzuspielen. Dank sei unserem Herrn Jesus, der für uns litt und den Sieg über das Reich der Dunkelheit errang.

Jesus kann Jeden freisetzen, egal wer Sie sind oder woher Sie kommen; meine Geschichte ist der Beweis dafür. Er wird Sie nicht nur freisetzen, Er hat die Kraft, Sie in Ihre Bestimmung zu bringen.

Das Buch, das Sie in Ihren Händen halten, ist nicht einfach über eine bestimmte Person und mein Ziel ist auch nicht finanzieller Gewinn. Ich habe das Buch vor allem deshalb geschrieben, weil Gott es mir aufgetragen hat. Außerdem verspüre ich ein Verlangen, dass Sie, lieber Leser, Jesus tiefgründig kennenlernen, sodass Sie Ihn und Seine Wesensart in der Welt widerspiegeln können. Mögen Ihnen meine eigene Reise und was ich dabei gelernt habe, helfen, diese Herausforderung zu meistern. Falls Sie Gott noch nicht wirklich kennen, bete ich, dass er sich Ihnen offenbart. Wenn Sie Gott schon kennen, bitte ich Sie, Ihm zu erlauben, all das zu sein, was Er durch Ihr Leben sein will, genauso, wie Er es vor Grundlegung der Welt schon geplant hat.

Möge der Sohn Gottes hoch erhoben sein und hell durch Ihr Leben leuchten, so dass Er alle zu sich ziehen kann.

UNENDLICHE LIEBE

Von ferne her ist mir der Herr erschienen: Mit ewiger Liebe habe ich dich geliebt; darum habe ich dich zu mir gezogen aus lauter Gnade. (Jeremia 31,3)

Ich als Skinhead

Wenn ich auf die letzten Jahre zurückblicke, kommen mir die Tränen. Vor meiner Errettung war ich kriminell, ein rechtsradikaler Skinhead, Neo-Nazi, einfach ein hoffnungsloser Fall mit einem bösen Herzen.

Am tiefsten Punkt meines Lebens hatte ich eine Begegnung mit Gott! Ich werde den Tag nie vergessen, als ich mit Freunden in einem Trainingslager war. Ich hatte keinen Spaß mehr dabei, mich zu betrinken. Meine Freundin hatte gerade Schluss mit mir gemacht. Der Grund dafür war ganz einfach: Ich war zu gewalttätig. Sie war es leid, andauernd all diese Geschichten über mich zu hören. Drogen, kämpfen oder trainieren, nichts machte mehr einen Sinn für mich. Ich fragte mich, was los war. Ich stand kurz vor dem Gefängnis und auf einmal hatte der sonst so furchtlose Philipp ziemliche Angst. Ich fühlte mich elend, hoffnungslos, alleine und vergessen. Ich habe viele Menschen in vielerlei Hinsicht verletzt, es war also nicht verwunderlich. So lag ich eines Tages da auf dem Bett und sagte: „Gott, wenn es dich wirklich gibt, gib mir eine andere Richtung. Gib mir einen anderen Weg." Was ich wirklich wollte, war einfach nur Hilfe. Dieser Jesus, den ich eigentlich nicht in meinem Leben haben wollte, sollte mir nun helfen. Wie arrogant und selbstsüchtig ich in meinem Herzen doch war! Ich hätte jede Hilfe in Anspruch genommen, egal woher sie gekommen wäre. Wenn ich jetzt um die Welt reise und das Evangelium predige, sage ich öfters scherzend: „Wenn ein Moslem zu mir gekommen wäre und mir gesagt hätte: ‚Allah wird dir ein besseres Leben geben!' – hätte ich es wahrscheinlich geglaubt und wäre ein Moslem geworden." So verzweifelt war ich.

Wie auch immer, sobald ich diese Worte aussprach, kam etwas in mein Zimmer, das ich noch nie zuvor gespürt hatte. Um genauer zu sein: Es war „Jemand". Ich spürte die Gegenwart Gottes an meinem ganzen Körper und hatte schreckliche Angst. An diesem Tag hatte ich eine Begegnung mit Jesus Christus. Es fühlte sich an, als würden viele Dinge gleichzeitig passieren. Ich habe überhaupt keine Ahnung, wie viel Zeit dabei verging. Plötzlich wurde mein Herz buchstäblich nach unten gezogen. Ich dachte, der Teufel versuchte, mich in die Hölle hinunterzuziehen, deshalb schrie ich mit letzter Kraft und unter Tränen zu Gott: „JESUS RETTE MICH! JESUS RETTE MICH!!!"... Und raten Sie, was als Nächstes passierte, Jesus hat mich wirklich gerettet! Ich hörte auf zu trinken und zu rauchen und weinte mehrere Wochen lang.

Ich bin nicht zu Jesus gekommen, Er kam zu mir. Ich habe nicht auf einen Altaraufruf reagiert, Er brachte einen Altar in mein Zimmer. Dies ist für mich der Kern des christlichen Glaubens. (Die Ironie ist, dass ich jetzt selbst Altaraufrufe mache.)

In allen Religionen dieser Welt versuchen Menschen, einen Zugang zu Gott zu schaffen durch das, was sie tun oder erreichen.

Der christliche Glaube ist genau das Gegenteil. Gott schaute die Menschheit an und sah, dass wir es nicht schaffen. Also kam Er zu uns. Das Evangelium ist die beste Botschaft der Welt, und sie lautet: Gott hat jedes Hindernis, das uns von Ihm fernhalten könnte, weggeräumt, außer unserem freien Willen.

Wir lieben ihn, weil er uns zuerst geliebt hat. (1. Johannes 4,19)

Mein Leben war in einem Moment verändert. Leute, die mir nahe stehen, können das bezeugen. Auch sollte sich mein Tagesablauf von nun an ändern. Ich arbeitete zu dieser Zeit als Maschinenbautechniker, was ich auch weiterhin machte. Das sah so aus, dass ich von sechs Uhr morgens bis zwei Uhr nachmittags arbeitete, aber anstelle, wie es meine Gewohnheit war, nach getaner Arbeit irgendwo ein paar Bier zu trinken, ging ich sofort nach Hause, schloss mich in mein Zimmer ein und betete. Zurückblickend muss ich jedoch eines ganz klar sagen: Ich habe mich nicht sofort in Jesus verliebt. Ich meine damit, dass die Liebe, die ich für Jesus zu diesem Zeitpunkt empfand, nicht annähernd mit der Liebe verglichen werden konnte, die Er für mich hatte. Ich hatte nicht einmal die Fähigkeit dazu. Gott gab mir ein neues Herz, aber er musste es „trainieren". Je mehr Zeit ich mit Ihm in Seiner Gegenwart verbrachte, desto mehr offenbarte Er sich mir.

Ich habe mich wirklich in Jesus verliebt, weil Er mich liebte, als ich mich selbst gehasst habe.

In den ersten Monaten nach meiner Errettung verschlang ich die Bibel regelrecht und las über 50 Bücher von verschiedensten christlichen Autoren. Ich war so hungrig und gab all meine Hobbys auf, um unzählige Stunden im Gebet zu verbringen. Wenn die Leute mich fragten, was ich gerne in meiner Freizeit mache, antwortete ich: „Beten, evangelisieren, …" Ich wollte damit nicht besonders religiös oder heilig erscheinen. Es war ganz einfach die Wahrheit.

Gott nahm ein Herz, das voller Hass war, und gab mir ein Herz voll von Liebe. Meine Leidenschaft und meine Radikalität, die vom Feind eingenommen waren, sollten nun für den König Jesus und Sein Reich zum Einsatz kommen. Das war der Anfang einer wunderbaren Reise, auf der ich mich bis zum heutigen Tag befinden darf. Ich würde mit niemandem tauschen wollen.

MEHR ALS NUR EIN GUTER FREUND

Das Geheimnis des Herrn ist für die, welche ihn fürchten, und seinen Bund lässt er sie erkennen. (Psalm 25,14)

Als ich ein kleiner Junge war, hatte mein Großvater einen Jagdhund, welcher Ben hieß. Das Besondere an Ben war, dass nur drei seiner vier Füße einsatzfähig waren, weil er einmal angefahren worden war. Wenn er lief, zog er den vierten Fuß hinterher, was jedoch seine Schnelligkeit erstaunlich gering beeinträchtigte. Ich mochte Ben sehr, er war mein bester Freund. Weil ich noch so klein war, setzte ich mich oft auf seinen Rücken und er rannte mit mir davon. Obwohl unsere Kommunikations-möglichkeiten sehr eingeschränkt waren (er ein Hund, ich ein

Mensch), wusste ich, dass wir so etwas wie eine Herzensverbindung hatten. Wenn ich traurig war, ging ich zu Ben. Wenn ich etwas angestellt hatte, ging ich zu Ben. Die Beziehung zu ihm war anders als die zu meinen (anderen) Familienmitgliedern. Ich hatte das Gefühl, dass Ben immer für mich da war, selbst wenn ich Mist gebaut hatte. Er war so ein guter, braver Hund, der immer gehorchte. Bis er eines Tages einem Freund meiner Großeltern in den Fuß biss. Meine Großeltern entschlossen sich daraufhin sofort dazu, Ben einschläfern zu lassen.

Es gab keine Wiedergutmachung für sein Fehlverhalten.

Bis heute habe ich den Tag nicht vergessen, als sie ihn wegfuhren. Er saß auf dem Rücksitz des Autos und sah mich an, als ob er wissen würde, dass seine Zeit zu Ende ginge. Er war ein guter Hund, aber diese eine Verfehlung bedeutete den Tod für ihn.

Bei meiner Bekehrung hatte ich eine dramatische Offenbarung darüber, wie sündhaft ich war. Ich bin froh, dass ich nicht in diesem Zustand gestorben bin, da ich weiß, das wäre der Zustand gewesen, in dem ich die Ewigkeit verbringen müsste. Ich verstand, dass mich eine einzige Verfehlung verdammt hätte. Man kann sich wahrscheinlich nur schwer ausmalen, wie ich mich fühlte, nachdem ich erkannt hatte, dass ich voll von Sünde war.

Mein Hund beging einen einzigen Fehler, und es gab keine Vergebung. Meine Sünden, die viele waren, konnten nicht einfach weggenommen werden. Aber Dank sei Gott für das Blut Jesu! Uns können viele Sünden vergeben werden, aber sogar für eine einzige Sünde brauchen wir Vergebung durch die Gnade Gottes.

Es war Sünde, die mich von Gott trennte, doch Gottes Gnade war stärker. Hass und Unwissenheit in meinem Herzen hielten mich davon ab, überhaupt nach Gott zu fragen, aber Seine Liebe für mich war zu überwältigend. Jesus gab Sein Leben bereits für mich, als ich mich noch in totaler Finsternis befand. Diese einfache Wahrheit des Evangeliums begann, meinen Verstand zu durchdringen. Ich glaube, das Evangelium ist das, was Herzen, Städte und schließlich ganze Nationen verändern kann.

Größere Liebe hat niemand als die, dass einer sein Leben lässt für seine Freunde. (Johannes 15,13)

Sobald ich wusste, wie angenommen ich von Gott war, begann ich, mit Mut und Zuversicht, in eine strahlende Zukunft zu blicken. Ich werde nie vergessen, als ich „Guten Morgen, Heiliger Geist" von Benny Hinn las. Im Buch erklärt der Autor, dass es der Heilige Geist ist, der uns Jesus offenbart. Das hat sich seitdem stark in meinem Leben bestätigt. Als ich getauft wurde, bekam ich von meinem Vater eine Studienbibel geschenkt. Ich schrieb ein Gebet hinein, dass ich von nun an jeden Morgen betete: „Heiliger Geist, ich bitte dich, dass du mir heute Jesus offenbarst. Zeige mir alle Segnungen, die Er für mich am Kreuz errungen hat und wie ich sie empfangen kann."

IMMER WÄHRENDE GNADE

Als ich auf die Welt kam, waren meine Eltern und auch meine Großeltern bereits Christen. Jahre zuvor, noch bevor ich geboren worden war, erlebte meine Tante Margit eine übernatürliche Heilung. Im Alter von 12 Jahren wachte sie eines Morgens mit einer Augenmuskellähmung auf, woraufhin sie in ein Krankenhaus gebracht wurde. Nach einer eingehenden Untersuchung stand die Diagnose Gehirntumor fest, und es war unmöglich, eine Operation durchzuführen. Die Ärzte gaben Margit noch ungefähr ein Jahr zu leben. Margit ging zu dieser Zeit noch weiterhin zur Schule. Wenige Zeit später wurde neben dem Tumor auch noch eine Gehirnentzündung festgestellt, die möglicherweise durch einen Zeckenbiss verursacht worden war. Am letzten Tag der Schule lag sie bewusstlos in ihrem

Bett, verbrachte die nächsten neun Monate in einem Wachkoma und war außerdem noch spastisch gelähmt. Die Ärzte hatten sie bereits aufgegeben, als meine Großeltern von Nikolaus Betschel, einem Pastor einer Pfingstgemeinde, hörten, der für Kranke betete und übernatürliche Heilungen durch die Kraft Gottes erlebte. Der Mann Gottes legte ihr die Hände auf, betete für sie und durch ein spontanes Wunder begann der Wiederherstellungsprozess in ihrem Körper. Heute ist Margit verheiratet und hat zwei wunderbare Söhne, obwohl die Ärzte versicherten, sie würde niemals Kinder haben können. Meine Tante erzählte ihr Zeugnis bei einer sehr bekannten österreichischen Fernsehsendung, und die Ärzte können sich bis heute nicht erklären, wie die Heilung passiert ist. Meine Großeltern beschlossen daraufhin, Jesus nachzufolgen. Nicht lange danach bekehrte sich auch mein Vater, weil unaufhörlich für ihn gebetet wurde. Großvater reagierte sogar auf Altaraufrufe für meinen Vater und sagte dem Prediger, er solle beten, dass sein Sohn errettet wird! Meine Mutter folgte nicht lange danach.

So kam Jesus in meine Familie. Zumindest weiß ich nicht, ob vor meinen Großeltern schon jemals jemand meiner Familie wiedergeboren war.

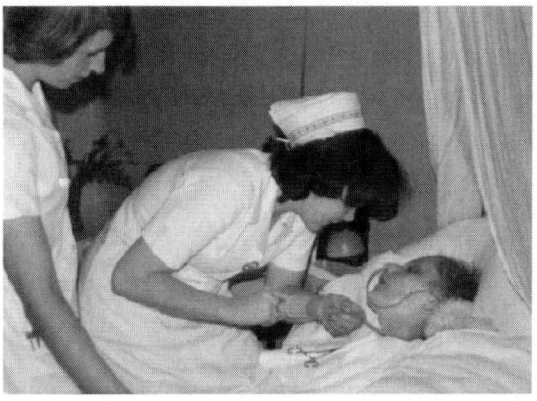

Tante Margit vor ihrer Heilung; gelähmt und im Wachkoma

Ich wuchs also in einem christlichen Elternhaus auf, aber solange ich mich erinnern konnte, war ich von Streit und Konflikten umgeben, was den christlichen Glauben nicht besonders attraktiv für mich machte. Meine Eltern hatten viel Arbeit zuhause, sie führen ein Gasthaus und einen Biohof. Bereits in den ersten Jahren meines Lebens war ich in ständiger Lebensgefahr. Einmal wollte ich mit dem Hund meiner Großeltern (seitens meiner Mutter) spielen, aber der Hund nicht mit mir. Er biss mir fast mein Ohr ab und hätte mich wohl umgebracht, wäre nicht mein Bruder Christoph aufmerksam geworden und ins Haus zu unserem Vater gerannt, der den Hund kurzerhand erschoss.

**Margit heute mit ihrem Mann Rudi und ihren
beiden Söhnen Markus und Andreas**

Ich kroch ständig auf die gefährlichen Hauptstraßen, weshalb mich meine Eltern oft in meinem Zimmer einschlossen, weil sie keine Zeit hatten, auf mich aufzupassen. Das war für mich der schlimmste Alptraum. Ich kann mich noch genau daran erinnern, dass ich immer geglaubt habe, die Tür würde sich nie wieder öffnen, also weinte ich solange, bis ich nicht mehr weinen konnte und schließlich einschlief. Ich war wirklich traumatisiert von diesen Erfahrungen, und der Herr musste später mein Herz heilen.

Als ich älter wurde, kletterte ich überall hinauf – und fiel herunter. Ich sollte mindestens ein Dutzend Mal gestorben sein, aber Gott hielt Seine schützende Hand über mir, weil ich später einen Auftrag erfüllen sollte.

Im Alter von 12 Jahren betete ich gemeinsam mit meinem Bruder Thomas, und wir luden beide Jesus in unser Herz ein. Ich weiß auch noch, wie einmal ein Mann Gottes namens Chris Franz, der später mein Mentor sein sollte, in einer naheliegenden Ortsgemeinde diente und am Ende des Gottesdienstes über mich und meine Brüder prophezeite. Meine Mutter hielt über die nächsten Jahre an diesem prophetischen Wort fest und hörte nie auf, für mich zu beten. (Ja, ich hatte eine betende Mutter. Wenn Sie das lesen und Kinder haben, die Jesus nicht nachfolgen, seien Sie sich eines gewiss: Ihre Gebete sind nicht vergebens. Halten Sie an den Verheißungen Gottes für Sie und Ihre Kinder fest. Bleiben Sie im Glauben und beten Sie mit der Gewissheit, dass Gott alles richtig führen wird.)

Während mein Bruder Thomas an Jesus festhielt und von ganzem Herzen für Ihn lebte (auch wenn sein Glaube manchmal schwankte), schlug ich einen Weg ein, der mich geradewegs in Richtung Hölle führte und auf dem ich fast kaputt gegangen wäre.

Mit 14 ließ ich mir in der Schule kaum noch etwas sagen. Zwar war ich zu dieser Zeit noch Klassensprecher, doch war mir meine Klasse eigentlich völlig egal. Mein Plan war, die Schule zu

„regieren". So wurde ich der Anführer einer kleinen Clique mit vier Schülern. Wir nannten uns „Die Könige der Unterstufe". Die ersten Kämpfe wurden ausgetragen. Die ersten Anklagen wegen Körperverletzungen folgten. Ab da ging es richtig bergab und ehrlich gesagt, dachte ich gar nicht so sehr an die Konsequenzen. In der Schule behandelten wir das Thema Nationalsozialismus, was mich aus mehreren Gründen richtig interessierte. Mir gefiel die Symbolik, und ich bewunderte, wie gewalttätig die Nazis vorgegangen waren. Ich hatte vorher noch nie jemanden gesehen, der einer Sache so hingegeben und von dieser so eingenommen war wie Adolf Hitler. So wurde er zu meinem Vorbild.

Ungefähr zur gleichen Zeit platzte mein vielleicht größter Traum, ein Profifußballer zu werden. Ich war ein sehr talentierter Spieler und hätte gern im Team in der nächsten Stadt gespielt. Doch meine Eltern hatten viel zu tun und konnten mich deshalb nicht zu den Trainingsstunden fahren. Also hörte ich ganz auf, Zukunftsträume zu haben. Als kleiner Junge wollte ich immer Ritter werden, was leider auch nicht möglich war.

Das alles frustrierte mich so sehr, dass ich anfing, mich ein wenig gegen das System aufzulehnen. Es fing ganz klein an, doch je mehr ich mich mit dem Nationalsozialismus beschäftigte, desto mehr wurde ich davon vereinnahmt. Dabei interessierte ich mich nicht unbedingt für die politischen Ideen, sondern war einfach nur von der Gewalt fasziniert. Als ich die erste CD mit rassistischer Musik bekam, hörte ich sie mir ständig an. Dadurch wurde mein Denken immer mehr beeinflusst. Ich bin überzeugt davon, dass Musik eine der Hauptwaffen des Feindes ist.

Du warst ein gesalbter, schützender Cherub, ja, ich hatte dich dazu eingesetzt; du warst auf dem heiligen Berg Gottes, und du wandeltest mitten unter den feurigen Steinen. Du warst vollkommen in deinen Wegen vom

Tag deiner Erschaffung an, bis Sünde in dir gefunden wurde. (Hesekiel 28,14-15)

Diese Verse sprechen von Luzifer oder Satan, bevor er aus dem Himmel geworfen wurde (für ein besseres Verständnis empfehle ich, Hesekiel, Kapitel 28 komplett zu lesen). Einige Bibellehrer und Theologen gehen davon aus, dass das Wort „gesalbt" darauf hinweist, dass Luzifer Zugang zum Thronsaal Gottes hatte. Die Erwähnung der Musikinstrumente deutet darauf hin, dass er im Himmel die Engel in der Anbetung Gottes leitete. Selbst wenn diese Interpretation daneben liegen sollte, ist es doch interessant, dass Musik in allen Nachtclubs, Bars und Bordellen einen hohen Stellenwert einnimmt und die Sünde dadurch attraktiv gemacht wird.

Ich bin fest davon überzeugt, dass ich vor allem durch diese rassistische Musik ein Nazi geworden war. Wenn Sie dies lesen und selbst Kinder haben, sollten Sie wirklich darauf schauen, welche Musik Ihre Kinder hören. Sie haben die Verantwortung, Ihre Kinder in der Liebe und in der Wahrheit zu erziehen. Da gibt es so viel Müll, angefangen von Death Metal bis hin zu obszöner Hip-Hop-Musik. Der Musikstil allein ist nicht das Problem, sondern der Text. Vielleicht haben Ihre Kinder eine starke Berufung Gottes auf ihrem Leben, doch der Feind schläft nicht. Ich sage Ihnen die Wahrheit: Er hat es auf Ihre Kinder abgesehen, so wie er es auf mich abgesehen hatte.

In den kommenden Jahren wurde ich nur gewalttätiger. Auch missachtete ich meine Eltern immer mehr und bald hasste ich jeden, nicht nur Juden oder Schwarze. Bald war es mir völlig egal, ob ich gegen meine Freunde oder gegen Feinde kämpfte. Ich konnte ziemlich gut kämpfen und damit bei den „schweren Jungs" Eindruck schinden. Meine Kumpels waren oft viel älter als ich. Mein Leben bestand aus Alkohol, Mädchen, Partys, Prügeleien, Skinhead-Konzerten und Straßenkämpfen mit anderen Gangs.

Ich weiß jetzt, dass das ein geistlicher Kampf war. Was jedoch nichts an der Tatsache ändert, dass ich für meine Taten verantwortlich war. Immer wieder musste ich mich vor Gericht für meine Aktionen verantworten, und mit 16 Jahren bekam ich meine erste Bewährungsstrafe.

Wenn ich jetzt zurückblicke, kann ich nur staunen, wie Gott mir die ganze Zeit nachgegangen ist, ohne dass ich es merkte! In so vielen Fällen wurde mein Leben übernatürlich bewahrt.

Wir können sehen, dass Gott schon immer eine Familie haben wollte. Als sich der Mensch gegen Gott entschied, kam die Sünde in die Welt und wir wurden von Gott getrennt. Ich möchte, dass Sie verstehen, was Sünde überhaupt ist. **„Wer sündigt, missachtet das Gesetz Gottes, denn Sünde bedeutet immer Auflehnung gegen Gottes Gesetz." ' (1. Johannes 3,4)**

Aber Sünde heißt nicht einfach nur, gegen Gottes Gesetz zu verstoßen, denn als die Sünde in die Welt kam, gab es die Zehn Gebote noch gar nicht. Sünde heißt nicht nur, das Ziel zu verfehlen, wenn man noch nicht einmal weiß, was das Ziel ist. Sünde ist all das, was Jesus nicht tun würde. Jesus lebte für die Herrlichkeit Gottes, nicht für sich selbst. Er hatte nur ein Verlangen: Den Willen Seines Vaters zu tun. Er war Sein Sohn und ist in allem unser Vorbild.

Vor Grundlegung der Welt war der Mensch dazu bestimmt, ein Kind Gottes zu sein. Der himmlische Vater wünschte sich eine Familie. Die Menschen sollten eine enge Gemeinschaft mit Gott haben. Wir wurden in Gottes Bild geschaffen, das heißt, wir sind ewige Wesen.

Ich habe das mühselige Geschäft gesehen, das Gott den Menschenkindern gegeben hat, damit sie sich damit abplagen. Er hat alles vortrefflich gemacht zu seiner Zeit, auch die Ewigkeit hat er ihnen ins Herz gelegt – nur dass der Mensch das Werk, das Gott getan

hat, nicht von Anfang bis zu Ende ergründen kann. (Prediger 3,10-11)

„In Gottes Bild geschaffen", das bedeutet auch, dass wir geistliche Wesen sind, denn Gott ist Geist (Johannes 4,24).

Wir müssen verstehen, dass alles so ist, wie Gott es geschaffen hat, und nicht, wie es uns erscheint. Wir liegen falsch, wenn wir glauben, dass wir für uns selbst geboren wurden. Traurigerweise glauben das sogar viele Christen. Nein, der Hauptgrund für unsere Existenz ist die Gemeinschaft mit einem Gott, der Liebe ist. Er hat uns geschaffen, damit wir über Seine Schöpfung herrschen.

Als Gott Adam schuf, kreierte Er einen vollkommenen Menschen. Der Tod hatte keine Herrschaft über ihn. Das Wort „sterblich" bedeutet, „dem Tod unterworfen zu sein, ein vergängliches Leben zu haben." Adam war ein vollkommener Mensch, als Gott ihn schuf; weder Krankheit, Mangel noch Tod konnten ihm etwas anhaben.

Kommen wir wieder auf unsere Frage zurück: Was ist Sünde?

Der großartige Lehrer und Evangelist E. W. Kenyon gab in vielen seiner Bücher eine sehr treffende Beschreibung dafür:

„Was war die Natur der ursprünglichen Übertretung des Menschen? Wenn wir wissen, dass der Mensch mit solch weitreichender Autorität ausgestattet war, dass er so intelligent war, um ein Partner der Gottheit zu sein, und dass die Freude oder der Kummer Gottes in seinen Händen war, können wir nun die Natur seiner Sünde verstehen. Die Sünde Adams war Hochverrat."

Gott übertrug Adam die Autorität, über das Universum zu herrschen. Diese das Universum umfassende Herrschaft war das heiligste Erbe, das Gott dem Menschen geben konnte. Adam gab diese Herrschaft in die Hände von Gottes Feind, dem Teufel. Diese Sünde ist unverzeihlich! Adams Verfehlung geschah im Licht der absoluten Erkenntnis.

Er war nicht vom Teufel verführt worden.

Er verstand die Schritte, die zu diesem schrecklichen Verbrechen führten.

Seine Frau, Eva, wurde verführt (indem sie vom verbotenen Baum aß), doch Adam wurde der Verräter der Ewigkeit.

Denn Adam wurde zuerst gebildet, danach Eva. Und Adam wurde nicht verführt, die Frau aber wurde verführt und geriet in Übertretung. (1. Timotheus 2,13-14)

Er kannte Gott; er kannte Satan; er kannte das Ergebnis des undenkbaren Verbrechens, das er beging.

Als die Sünde in die Welt kam, erhielt Satan die rechtmäßige Autorität über die Menschheit. Sünde ist nicht nur an sich selbst ein Problem, sondern das Problem besteht vor allem darin, was die Sünde aus uns macht.

Nur weil ich kämpfte und trank, war ich kein schlechterer Mensch als jemand, der versucht, sein ganzes Leben als möglichst guter Mensch zu leben. Ein ziemlich gutes Leben zu führen zählt nicht vor Gott. Die Lüge der menschlichen Philosophie oder des Humanismus ist, dass die Menschheit in sich gut sei. Dies ist eine der größten Fallen des Feindes. Wie wir bereits gesehen haben, ist der Mensch in sich böse, weil Adams Sünde Auswirkungen auf die gesamte Menschheit hatte. Die ganze Natur des Menschen lehnt sich gegen Gott auf; allein die Vorstellung, wir könnten ohne Gott leben, ist der größte Ausdruck von Stolz, den jemand haben kann.

DER GRUND FÜR EINEN ORT NAMENS „HÖLLE"

Ich habe mich entschlossen, das Thema Hölle anzusprechen, nicht weil ich so gern darüber spreche, sondern weil dies meiner Meinung nach absolut notwendig ist. Ich predige den ganzen Ratschluss Gottes (Apostelgeschichte 20,27).

Es gibt keine guten Nachrichten ohne schlechte Nachrichten. Die gute Nachricht umfasst das, was Jesus getan hat und was passiert, wenn wir Ihn annehmen. Die schlechte Nachricht ist das, was passiert, wenn wir uns gegen Jesus entscheiden. Dort draußen gibt es so viele Stimmen. Es tut uns allen gut, wenn wir die Stimmen, die wir hören, ab und zu abschalten und zur Wahrheit, d.h. zum Wort Gottes, zurückkehren. Es gibt die Hölle wirklich, und es gibt den Tod; jeder wird einmal sterben und danach kommt das Gericht. Jesus sprach in mehr als 40 Versen über die Hölle, und nein, er meinte damit keine Müllhalde vor den Toren Jerusalems (klingt verrückt, aber manche haben solche Vorstellungen). Auch wenn wir kein Griechisch können, sehen wir deutlich, dass die Hölle real und ewig ist. Das sollten wir besser wissen und anderen davon erzählen.

Jesus benutzte oft das Wort Feuer oder manchmal auch äußere Finsternis. Diejenigen, die einmal die Hölle erlebt haben (es gibt einige, die in der Hölle gewesen sind und die Gott in Seiner Gnade zurückgebracht hat, um die Welt zu warnen), sprechen von der tiefsten Finsternis und auch von Feuer. In der Hölle gibt es kein Licht, das die Finsternis vertreibt.

Sie reden auch von Würmern, die das Fleisch der Menschen essen, und von Flammen, die sie verbrennen. Dann wächst das Fleisch wieder nach, bevor es wieder verbrennt. Das geschieht immer und immer wieder. Damit möchte ich Ihnen keine Angst einjagen. Wir wollen uns anschauen, was wir aus der Bibel über die Hölle wissen.

In der Bibel wird die Hölle oft als ein ewiger Ort bezeichnet: als ewiges Feuer (Matthäus 18,8), als ewige Strafe (Matthäus 25,46), als ewiges Gericht (Markus 3,29), als Ort, wo das Feuer nicht erlischt und ihr Wurm nicht stirbt (Markus 9,43-48), und als unauslöschliches Feuer (Lukas 3,17).

Ich weiß, dass einige Ihnen sagen werden: „Das stimmt doch alles gar nicht. Das wird nur gesagt, damit die Menschen Angst bekommen. Niemand kann so böse sein, dass er so etwas erleben müsste ..." usw. Was Sie glauben, ist Ihre Sache. Meine Aufgabe ist es, Ihnen die Wahrheit zu sagen. Für mich selbst wusste ich, dass ich an diesem schrecklichen Ort enden werde, wenn ich nicht umkehren und Jesus zu meinem Herrn machen würde.

Nie werde ich die Vision vergessen, die ich vor nicht allzu langer Zeit vor meiner Predigt in einer Gemeinde in der Schweiz hatte. (Eine Vision ist eine übernatürliche Erfahrung, die eine Offenbarung von Gott enthält.) Eine halbe Stunde vor dem Gottesdienst zog ich mich kurz zurück, um zu beten. Als ich so alleine mit dem Herrn war, sah ich plötzlich eine riesige Menschenmasse, die vor einer Klippe stand. Es dauerte nicht lange, bis die Menschen nacheinander diese Klippe hinuntersprangen. Sie sprangen in etwas, was wie ein Feuermeer aussah. Interessant an dieser Vision war, dass die Leute scheinbar freiwillig hinabsprangen. Ich weiß es nicht hundertprozentig, aber vielleicht sind das die Menschen, die in ihrem Leben viele Möglichkeiten hatten, ihr Leben Jesus zu geben, aber sich dagegen entschieden haben. Viele Menschen sind jetzt in der Hölle, nicht weil sie Nein zu Jesus gesagt haben, sondern weil sie nie Ja zu Ihm gesagt haben – das heißt Ihn ganz bewusst abgelehnt haben.

Als ich diese Vision sah, war ich in meinem Geist betrübt und fing an zu weinen und zu beten. An diesem Abend predigte ich, als sei dies meine letzte Predigt, und viele haben ihr Leben vor Gott in Ordnung gebracht.

Oft wird die Frage gestellt: „Wie kann ein liebender Gott jemanden in die Hölle schicken?" Das ist eine knifflige Frage, aber es gibt eine Antwort! Die bekannte Aussage von Jesus in Johannes 3,16-21, die allerdings häufig falsch zitiert wird, gibt uns die Antwort. Jesus kam nicht, um die Welt zu verurteilen; wir waren bereits verurteilt. Er kam nicht, um Menschen in die Hölle zu schicken; wir waren bereits auf dem Weg dorthin. Er kam, um uns zu befreien. Jesus sagt, dass diejenigen, die hören, nicht verloren gehen, sondern das ewige Leben haben. Jesus ist der Gute, nicht der Böse.

Die Menschen gehen nicht in die Hölle für das, was sie tun, sondern für das, was sie sind. Das will ich Ihnen erklären. Ein sündiger Mensch ist wie ein Verbrecher. Die Hölle ist ein Gefängnis. Verbrecher kommen ins Gefängnis. Ich hatte Freunde, die Jahre im Gefängnis verbringen mussten. Allein der Gedanke daran ist schon schrecklich. Oft wollen sie gar nicht richtig darüber reden. Ich kann mich an einen erinnern, der kaum noch Zähne hatte, als er entlassen wurde, obwohl er nur ein paar Monate dort verbrachte!

Wie wir bereits gesehen haben, übersteigt die Beschreibung der Hölle bei weitem die schlimmsten Schrecken eines irdischen Gefängnisses. Doch die Hölle ist nicht der endgültige Ort für die Menschen, auch nicht der Himmel. Aus Offenbarung 20,14 wissen wir, dass der endgültige Ort für die Sünder ein Ort ist, der als Feuersee bezeichnet wird; der endgültige Ort für die Gerechten ist nach Offenbarung 21,1 „ein neuer Himmel und eine neue Erde".

Bis jetzt befindet sich noch niemand im Feuersee. Die Hölle ist der Ort, an dem jetzt sowohl böse Engel als auch böse Menschen gefangen gehalten werden, um auf das Gericht zu warten. Danach werden sie in den Feuersee geworfen. Die Hölle wurde eigentlich nur für den Teufel und seine Engel geschaffen, nicht für Menschen. Mich lässt es nicht kalt, wenn ich daran denke, dass Menschen dort enden werden.

Das würde bedeuten, dass sie für immer verloren sind. Raum und Zeit gibt es in der Ewigkeit nicht. Es gibt kein Ende der Qualen und Bestrafung. Wie ich schon gesagt habe, liegt das nicht daran, dass Gott böse ist, sondern dass die Sünde so böse ist. Jesus bezahlte mit Seinem Leben, um die Sünde der Welt hinwegzunehmen.

Er litt, Er blutete, Er wurde entblößt, Er wurde verspottet, Er starb ... um diese Welt von ihren Übertretungen zu befreien.

Ich wusste, dass ich mein Leben voller Sünde und Finsternis aufgeben musste. Jemand sagte einmal: „Die Sünde ist wie eine Gefängniszelle, nur mit dem Unterschied, dass es dort schön und gemütlich ist und es scheinbar keinen Grund gibt, von dort wegzugehen. Die Tür ist immer weit geöffnet, bis zu dem Tag, an dem sie zufällt." Geh dort heraus, bevor es zu spät ist!

Jeder, der nachdenkt, weiß im Unterbewusstsein, dass es so etwas wie eine richtige Hölle geben muss. Dabei spielt es gar keine große Rolle, ob wir glauben, dass es einen See aus Feuer und Schwefel gibt. Die Ewigkeit in Gefangenschaft zu verbringen ist schon schlimm genug. Ich hasse den Gedanken daran und werde für mich und hoffentlich jeden, den ich durch Gottes Gnade treffen und beeinflussen kann, alles Notwendige tun, um diesen Ort nie kennenzulernen. Ich will jeden davon abhalten, dorthin zu gehen, weil ich die Liebe und Gnade Gottes erlebt habe.

Das Erlösungswerk von Jesus war ein vollkommenes Werk, deshalb ist die Errettung ein Geschenk, das Sie nur annehmen müssen. Doch nachdem Sie Ja zu Ihm gesagt haben, möchte Er Ihr Leben. Jesus zu folgen wird Sie alles kosten.

* * * * * * *

WAHRES LEBEN

Darum, gleichwie durch einen Menschen die Sünde in die Welt gekommen ist und durch die Sünde der Tod, und so der Tod zu allen Menschen hingelangt ist, weil sie alle gesündigt haben. (Römer 5,12)

Nicht die Sünde macht Menschen zu Sündern; sie sündigen, weil sie Sünder sind. Gott möchte die Natur und Identität einer Person ändern.

Aber es verhält sich mit der Gnadengabe nicht wie mit der Übertretung. Denn wenn durch die Übertretung des Einen die Vielen gestorben sind, wie viel mehr ist die Gnade Gottes und das Gnadengeschenk durch den einen Menschen Jesus Christus in überströmendem Maß zu den Vielen gekommen. (Römer 5,15)

Daher, wenn jemand in Christus (dem Messias) [eingepflanzt] ist, ist er eine neue Schöpfung (eine völlig neue Kreatur); das Alte [der frühere moralische und geistliche Zustand] ist vergangen. Siehe, das Frische und Neue ist gekommen. (2. Korinther 5,17; Amplified Bible)

In 2. Korinther 5,21 steht geschrieben, dass Gott Jesus, der keine Sünde kannte, für uns zur Sünde gemacht hat. Jesus kam auf diese Erde, um uns wieder zu unserem himmlischen Vater zurückzubringen. Er starb am Kreuz und ging in die Hölle, um den vollen Preis für die Sünde zu bezahlen.

Nachdem Er den Preis bezahlt hatte, wurde Er von den Toten auferweckt. Er hat Satan völlig besiegt. Der Sohn Jesus Christus ging für Sie und für mich durch die Qualen der Hölle, weil sich der Vater eine Familie wünschte.

Das Einzige, was uns abhalten kann, ein Kind Gottes zu sein, ist, wenn wir uns nicht von unserem alten Leben und unseren alten Prioritäten abwenden und Jesus nicht zum Herrn unseres Lebens machen wollen.

Vor kurzem war in einer amerikanischen Zeitung eine wahre Geschichte zu lesen. Zuerst konnte ich sie gar nicht glauben, aber sie ist wirklich passiert. Sie handelte von einem Mann, der Fallschirmspringen wollte. Er nahm Unterricht und erhielt am Ende eine Fallschirmspringer-Urkunde. Danach besorgte er sich die ganze Ausrüstung: Brille, Jacke, Handschuhe, Helm – alles, was er brauchte. Mit einer Kamera wollte er seinen Sprung filmen. Endlich kam der Tag, und der Mann stieg ins Flugzeug. Als sie die gewünschte Flughöhe erreicht hatten, sprangen die anderen Fallschirmspringer nacheinander aus dem Flugzeug. Jetzt war der junge Mann an der Reihe. Er bereitete alles vor, schaltete die Kamera ein und sprang. Doch als er an der Leine ziehen wollte, um sicher zu landen, stellte er mit Schrecken fest, dass er gar keinen Fallschirm anhatte. Das ist kein Witz. Der Mann starb, weil er den wichtigsten Gegenstand für diesen Tag vergessen hatte, das Einzige, was sein Leben bewahrt hätte. Vielleicht denken Sie: „Was für ein Idiot." Es gibt jedoch etwas, was noch viel verrückter ist: Jeden Tag springen Menschen auf der ganzen Welt in die Ewigkeit - ohne Jesus!

Leider gibt es sogar viele, die sich selbst Christen nennen, die jedoch keine Gemeinschaft mit Gott haben und deren Herz nie verändert wurde. Für sie ist es einfach nur eine Religion. Auch wenn ich es nicht ganz genau erklären kann, weiß ich jedoch aus Erfahrung: Je religiöser die Menschen sind, desto weiter sind sie von Gott entfernt. Ich werde nie die zeitlosen Worte von Keith Green vergessen: „In eine Gemeinde oder Kirche zu gehen, macht dich genauso wenig zu einem Christen, wie dich der Besuch bei McDonalds zu einem Hamburger macht."

Sie müssen errettet werden, um in den Himmel zu kommen,

und Sie müssen errettet werden, um ein Kind Gottes zu werden, d.h. das zu werden, wozu Gott Sie eigentlich schuf.

Ich möchte Sie jetzt bitten, folgendes Gebet durchzulesen und zu beten, wenn Jesus Ihr Leben noch nicht bestimmt:

„Lieber Gott im Himmel, ich komme zu Dir in dem Namen Jesus. Ich weiß, dass ich ein Sünder bin, und bereue meine Sünden und mein bisheriges Leben; ich brauche Deine Vergebung. Ich glaube, dass Dein eingeborener Sohn Jesus Christus Sein kostbares Blut am Kreuz auf Golgatha für mich vergoss und für meine Sünden starb. Ich bin jetzt bereit, mich von meinen Sünden abzuwenden.

Du sagst in Deinem Wort in Römer 10,9, dass, wenn wir den Herrn, unseren Gott, mit unserem Mund bekennen und in unserem Herzen glauben, dass Gott Jesus von den Toten auferweckt hat, wir gerettet werden.

Ich bekenne jetzt, dass Jesus Christus der Herr meines Lebens ist, und mit meinem Herzen glaube ich, dass Gott Jesus von den Toten auferweckt hat. Ich nehme jetzt Jesus Christus als meinen Retter an. Jetzt bin ich errettet, so wie es Dein Wort sagt. Danke, Jesus, für Deine unbegrenzte Gnade, die meine Sünden weggewaschen hat. Ich danke Dir, Jesus, dass Deine Gnade keine Lizenz zum Sündigen ist, sondern sie mich immer zur Umkehr führt. Deshalb möchte ich Dich, Herr Jesus, bitten, mein Leben zu verwandeln, damit ich Dir allein alle Ehre gebe und Du durch mein Leben verherrlicht wirst. Danke, Jesus, dass Du für mich gestorben bist und mir ewiges Leben schenkst.

Ich glaube, dass ich jetzt errettet und ein Kind des allmächtigen Gottes bin. Amen."

Ich möchte Sie ermutigen, Jesus mit Ihrem ganzen Leben nachzufolgen!

Zu viele Menschen lebten nie in ihrer Bestimmung, weil sie Jesus bestimmte Bereiche ihres Lebens nicht auslieferten.

Ohne Gott wären wir alle verdammt, die Ewigkeit in der Hölle zu verbringen. Was verlieren wir schon, wenn wir unser ganzen Leben für Ihn leben. Jesus hat ein viel größeres Opfer für uns erbracht. Es gibt keine größere Liebe als diese. Manchmal müssen wir den Anfang verstehen, bevor wir Richtung Ziellinie laufen können. Ich hoffe, dass Sie dies durch den Heiligen Geist jetzt verstanden haben.

JESUS VERTEIDIGTE UNS LEIDENSCHAFTLICH

Vor einiger Zeit ging ich mit der Botschaft des Evangeliums nach Afrika. Kurz bevor ich vor einer großen Menschenmenge predigen sollte, schickte ich meiner Schwester eine E-Mail mit einer Nachricht für meinen Vater. In der E-Mail sagte ich ihm, dass er der beste Papa auf der Welt sei. Er war und ist kein perfekter Mensch, aber wer ist schon perfekt? Vor vielen Jahren musste ich häufig vor Gericht erscheinen. Meistens war der Fall eindeutig; ich war schuldig, musste mich vor dem Richter verantworten und wartete auf meine Strafe. Plötzlich ging die Tür hinter mir auf. Ich drehte mich um und mein Vater stand in der Tür. Der Richter fragte ihn, was los sei, und er fing sofort an, mich zu verteidigen, sodass es am Ende aussah, als ob ich ganz unschuldig sei. Ganz offensichtlich war ich schuldig, aber sein Wunsch, mich nicht im Gefängnis zu sehen, bewegte ihn, etwas zu tun, was gar keinen Sinn ergab. Ich kenne nur wenige Männer, die so kühn und furchtlos sind wie mein Vater. Ihn interessiert es einfach nicht, was andere denken. Vielleicht hängt das ein bisschen damit zusammen, dass er in der Armee ein Major war. Früher hasste ich meinen Vater. Doch Jesus verwandelte diesen Hass nicht nur in Liebe, sondern machte auch alles tausendmal besser. Man kann wirklich nichts verlieren. Denken Sie kurz über das Wort „Erlösung" nach.

Jesus hat für uns dasselbe getan wie mein Vater. Er kam in den Gerichtssaal und schaute sich unsere Akte gar nicht richtig an. Diese Liebe ist nicht nachvollziehbar und widerspricht aller Vernunft. Sie ist eine übernatürliche Offenbarung. Ganz offensichtlich waren wir schuldig, aber Er sprach uns vor dem Richter – dem himmlischen Vater – frei; Er konnte das tun, weil Er mit Seinem eigenen Blut unseren Platz eingenommen hatte. Oft behaupten die Leute, dass sie wissen, was Gnade bedeutet. Manchmal bin ich mir da jedoch nicht so sicher. Wenn wir Gnade wirklich verstehen, ist das unsere einzige Hoffnung. Nur das Kreuz von Jesus Christus, nur das vergossene Blut gibt uns überhaupt Hoffnung.

Jesus ist die Tür zu einem neuen Bund. Der neue Bund ist kein Bund zwischen uns und Gott, sondern ein Bund zwischen Gott, dem Vater, und Seinem Sohn Jesus (Hebräer 7,22). Er versprach, dass Er uns nie verlassen noch vergessen würde. Das ist nicht nur eine Verheißung, sondern auch eine Drohung! Wenn Sie wollen, dass Er Sie verlässt, wird Er das nicht tun. Er wird Ihnen nachgehen. Seine Liebe wird Sie schließlich aufspüren.

Je näher Sie zu Jesus kommen, desto heller leuchtet Seine Herrlichkeit; plötzlich erkennen Sie das Schöne, das Er in Ihrem Leben tun möchte.

Mir gefällt die Aussage, die ein sehr bekannter amerikanischer Pastor oft benutzt: „Gott ist kein engstirniger Christ." Das heißt, Er ist nicht von unserer Sünde eingenommen. Er schaut auf die sündigen Bereiche in Ihrem Leben und sagt: „Hier wirke ich mein nächstes Wunder." Er möchte Ihren Geist, Ihre Seele und Ihren Körper wiederherstellen, und das wurde alles nur möglich durch den enormen Preis, den Sein Sohn Jesus bezahlt hat.

Beginnen Sie, ein Leben im Lichte dessen zu leben, was Gott über Sie sagt. Dann wird Ihr Leben einen Unterschied bewirken.

WAS BEWIRKT DEN UNTERSCHIED?

Bevor Jesus kam, gab es im Alten Testament mehrere hundert Gebote für die Menschen (viele davon stammten von den Pharisäern, die damit die Menschen besser unter Kontrolle haben wollten). Dann kam Jesus auf die Erde und gab uns nur ein Gebot: das Gebot der Liebe. Alles andere ist darin enthalten, denn die Liebe ist die Erfüllung des Gesetzes (Römer 13,8). Sie ist das absolute Heilmittel für diese Welt, die von Selbstsucht beherrscht wird und wahre Liebe nicht kennt.

Philosophen, Politiker und religiöse Führer standen schon immer vor der Frage, was das Problem der Menschheit sei. Warum gibt es Kriege, Verbrechen, böse Gelüste und Diebstähle? Was kann dieses Elend beenden, das scheinbar in der menschlichen Natur liegt? Sünde ist eigentlich Selbstsucht. Die Menschen sündigen nicht für andere, sondern für sich selbst. Jesus vertreibt die Selbstsucht aus unserem Leben und ersetzt sie mit Seiner vollkommenen Liebe. Ich glaube, dass dies das Besondere am Christsein ist. Liebe ist das Gegenteil von Selbstsucht. Nur einer kann die wahre Bedeutung von Liebe definieren, und das ist Gott selbst. Wir wollen uns anschauen, was Er durch den Apostel Paulus darüber zu sagen hat.

Wenn ich in Sprachen der Menschen und der Engel redete, aber keine Liebe hätte, so wäre ich ein tönendes Erz oder eine klingende Schelle. Und wenn ich Weissagung hätte und alle Geheimnisse wüsste und alle Erkenntnis, und wenn ich allen Glauben besäße, so dass ich Berge versetzte, aber keine Liebe hätte, so wäre ich nichts. Und wenn ich alle meine Habe austeilte und meinen Leib hingäbe, damit ich verbrannt würde, aber keine Liebe hätte, so nützt es mir nichts! Die Liebe ist langmütig und gütig, die Liebe beneidet nicht, die Liebe prahlt nicht, sie bläht

sich nicht auf; sie ist nicht unanständig, sie sucht nicht das Ihre, sie lässt sich nicht erbittern, sie rechnet das Böse nicht zu; sie freut sich nicht an der Ungerechtigkeit, sie freut sich aber an der Wahrheit; sie erträgt alles, sie glaubt alles, sie hofft alles, sie erduldet alles. Die Liebe hört niemals auf. Aber seien es Weissagungen, sie werden weggetan werden; seien es Sprachen, sie werden aufhören; sei es Erkenntnis, sie wird weggetan werden. Denn wir erkennen stückweise und wir weissagen stückweise; wenn aber einmal das Vollkommene da ist, dann wird das Stückwerk weggetan. Als ich ein Unmündiger war, redete ich wie ein Unmündiger, dachte wie ein Unmündiger und urteilte wie ein Unmündiger; als ich aber ein Mann wurde, tat ich weg, was zum Unmündigsein gehört. Denn wir sehen jetzt mittels eines Spiegels wie im Rätsel, dann aber von Angesicht zu Angesicht; jetzt erkenne ich stückweise, dann aber werde ich erkennen, gleichwie ich erkannt bin. Nun aber bleiben Glaube, Hoffnung, Liebe, diese drei; die größte aber von diesen ist die Liebe. (1. Korinther 13,1-13)

Diese Art von Liebe brachte stadtbekannte Sünder dazu, Jesus mitunter tagelang zu folgen; gleichzeitig nahmen die religiösen Führer daran Anstoß und waren schockiert, als Jesus Gott als „Seinen Vater" bezeichnete (Johannes 5,18). Sie selbst sahen sich nur als Gottes Diener an. Sie waren noch schockierter, als Jesus sagte, dass ihr Vater der Teufel sei (Johannes 8,44). Diese Art von Liebe brachte die Frau am Brunnen in Johannes 4 dazu, ihre Sünde abzulegen und eine Predigerin des Evangeliums zu werden; beides war durch das Gesetz offensichtlich nicht möglich. Diese Art von Liebe führte Jesus ans Kreuz, als die religiösen Führer Ihn verhafteten, die Jünger Ihn verließen und die Menschen Ihn verspotteten. Humanismus versucht, verschiedene Lösungen zu finden (z. B. durch Sozialismus), doch auch hier ist das Ziel allzu oft nur der persönliche Gewinn. Die zahllosen menschlich erdachten Religionen (wozu auch einige „christliche" Strömungen zählen) hinterlassen einen bitteren Beigeschmack in der Welt und haben eher Schaden angerichtet als etwas Gutes bewirkt.

Auf der anderen Seite starb die Gottheit für die Welt, die krank vor Sünde ist. Diese Art von Liebe sucht nicht das Ihre, sondern das Beste für die anderen. Sie ist die Antwort auf das Problem der Welt, und wir finden sie in der Person Jesus Christus.

VERHALTENSÄNDERUNG ODER HERZENSUMWANDLUNG

Und ich will euch ein neues Herz geben und einen neuen Geist in euer Inneres legen; ich will das steinerne Herz aus eurem Fleisch wegnehmen und euch ein fleischernes Herz geben. (Hesekiel 36,26)

Eine Frau erzählte mir einmal, dass sie sich so sehr wünsche, dass alle ihre Freunde errettet würden, aber diese ständig fluchten und den Namen Gottes missbrauchten. Jedes Mal, wenn sie das tun, ignoriere sie ihre Freunde und sagt dann: „Herr, ich lobe Dich, Herr, ich lobe Dich, Herr, ich lobe Dich." Ich erwiderte: „Das sieht so aus, als ob du Gott verteidigen willst.   Glaubst du nicht, dass Er sich selbst verteidigen kann?" Wir fingen fast zu streiten an, weil sie mir zeigen wollte, dass es Sünde ist, den Namen Gottes zu missbrauchen.

Das ist vollkommen richtig, ja! Leider konnte ich aber bei ihr nicht erkennen, dass ihr Herz mit der Liebe Gottes für diese Freunde brannte und es ihr wirklich um sie ging. Was wäre, wenn sie jedes Mal, wenn ihre Freunde den Namen Gottes missbrauchten, die Liebe Gottes in ihrem Herzen so stark spüren würde, dass sie nicht anders könnte, als für sie zu Gott zu rufen, dass Er sich ihnen offenbart und sie retten möge? Das wäre der Ausdruck des Herzens Gottes in einem Gläubigen!

Jesus kam in Gnade und in Wahrheit. Er strahlt sowohl die mächtige und majestätische Heiligkeit als auch das sanfte und mitfühlende Erbarmen des Vaters aus. Unser Verlangen nach Wahrheit sollte niemals unser Maß an Liebe und Erbarmen für die Menschen übersteigen. Jesus hatte einen sehr hohen Maßstab, war jedoch gleichzeitig innerlich bewegt, wenn Er die Menschen sah. Menschen, die nur Gottes Gericht predigen ohne das brennende Verlangen, die Verlorenen mit Gott versöhnt zu sehen, sind abschreckend und sprechen nicht aus dem Herzen Gottes. Menschen, die nur ein Gänsehaut-Feeling verbreiten und die Ohren der Zuhörer mit ihren selbst erdachten Versionen des Evangeliums kitzeln wollen, jedoch die Sünde in ihrem eigenen Leben nicht loslassen, sind einfach nur Komiker. Jesus missachtete nie die Gebote Gottes, wies jedoch auch niemanden ab, der in Not war. Ich habe die Evangelien gelesen; nicht ein einziges Mal beleidigte Jesus Menschen, die ganz dringend einen Retter brauchten und Ihn suchten. Nur die Heuchler und Pharisäer, die eine Form der Gerechtigkeit hatten, aber ihre Kraft verleugneten, ging Er scharf an. Er tolerierte niemals Sünde und wird das auch nie tun, doch Er war für die Menschen da, d. h., Er versteckte sich nicht vor der „Welt", wie das viele Christen gern tun. Ich freue mich auf den Tag, wenn Christen als die zuversichtlichsten und liebevollsten Menschen wahrgenommen werden. Gläubige sollten in Sünde verstrickte Menschen anschauen und zu ihnen sagen können: „Jesus Christus liebt dich und ich dich auch." Wahre Liebe ist immer zuversichtlich; sie ist nicht feige und schließt keine Kompromisse. Sünder sündigen; darin sind sie gut!

Doch sagen Sie mir, wie Jesus mit Zachäus im Lukas-Evangelium umgegangen ist:

> Und er (Jesus) ging hinein und zog durch Jericho. Und siehe, da war ein Mann, mit Namen Zachäus genannt, und der war ein Oberzöllner und war reich. Und er suchte Jesus zu sehen, wer er sei; und er konnte es nicht wegen der Volksmenge, denn er war klein von Gestalt. Und er lief voraus und stieg auf einen Maulbeerfeigenbaum, damit er ihn sehe; denn er sollte dort durchkommen. Und als er an den Ort kam,

sah Jesus auf und erblickte ihn und sprach zu ihm: „Zachäus, steig eilends herab! Denn heute muss ich in deinem Haus bleiben." Und er stieg eilends herab und nahm ihn auf mit Freuden. Und als sie es sahen, murrten alle und sagten: „Er ist eingekehrt, um bei einem sündigen Mann zu herbergen." Zachäus aber stand und sprach zu dem Herrn: „Siehe, Herr, die Hälfte meiner Güter gebe ich den Armen, und wenn ich von jemand etwas durch falsche Anklage genommen habe, so erstatte ich es vierfach." Jesus aber sprach zu ihm: „Heute ist diesem Haus Heil widerfahren, weil auch er ein Sohn Abrahams ist; denn der Sohn des Menschen ist gekommen, zu suchen und zu retten, was verloren ist." (Lukas 19,1-10, Elberfelder)

Zachäus wird errettet, weil Jesus Zeit mit ihm verbringen wollte. Jesus geht es nicht um das Äußere der Menschen, sondern um das menschliche Herz. Religion versucht immer, die Menschen von außen nach innen zu verändern. Zum Beispiel sollen sie ein Kopftuch aufsetzen, das Makeup entfernen, andere Kleidung tragen usw. Gott dagegen wirkt immer ganz anders; Er verändert die Menschen von innen nach außen.

Ich werde nie vergessen, wie mein Großvater Christus für mich vorlebte, noch bevor ich errettet worden bin. Als Skinhead rasierte ich mir immer den Kopf (vermutlich haben Sie sich das schon gedacht). Jedes Mal, wenn ich das tat und meine Eltern mich ohne Haare sahen, schimpfte meine Mutter und mein Vater schrie mich an. Nichts davon kam bei mir an. Mein Großvater hingegen sagte immer ganz liebevoll: „Er wird das nicht mehr machen. Er wird das nicht mehr tun." Das wiederholte sich immer wieder; sobald ich meinen Kopf rasiert hatte, sagte Großvater immer dasselbe.

Eines Tages sagte mein Großvater dann zu mir: „Philipp, jetzt hörst du auf, deinen Kopf zu rasieren." Ich erwiderte: „Ok." Das war's. Danach rasierte ich mir nie mehr den Kopf. Ich möchte

Ihnen mit dieser Geschichte einige Dinge zeigen. Erstens, als mein Großvater sagte: „Hör auf, deinen Kopf zu rasieren", konnte er in mein Leben sprechen. Ich wuchs mit ihm auf und vertraute ihm mehr als den meisten anderen Menschen. Zweitens, als er das aussprach, klang es so, als wollte er, dass ich auf ihn höre.

Ich bin überzeugt, dass dies ein Bild ist, wie Gott mit uns umgeht. Gott glaubt wirklich an uns, wie mein Großvater an mich glaubte. Er schuf uns mit einer Bestimmung, doch viele befinden sich auf dem falschen Weg, und wir gehen weiter und gehen weiter ... bis der Punkt kommt, an dem Gott sagt: „STOPP!" Dann sollten wir besser umkehren.

Oder verachtest du den Reichtum seiner Güte, Geduld und Langmut, und erkennst nicht, dass dich Gottes Güte zur Buße leitet? (Römer 2,4)

Gottes Gnade ist eine mächtige Kraft, die uns zur Umkehr führt. Das Wort Buße bedeutet in etwa: „Umdenken, Sinnesänderung, Umkehr des Denkens". Im Gegensatz zur heute weitverbreiteten Meinung umfasst die Umkehr viel mehr, als nur anders zu denken. Die neue Denkweise sollte das Ergebnis der Umkehr sein. Umkehr heißt, die alten Wege zu verlassen und Gott ganz nachzufolgen. Gottes Gnade schenkt uns die Fähigkeit, umzukehren. Er geht in unser Herz und bewirkt ein Wunder, das uns in ein neues Leben hineinführt. Das Problem mit den Pharisäern war gar nicht so sehr deren Lehre, sondern ihr Versagen, selbst danach zu leben. Das nennt man Heuchelei! Ihr Stolz hielt sie davon ab, eine Herzensänderung zu erleben, die für sie bereit stand.

Jesus erzählte ein zum Nachdenken anregendes Gleichnis über einen Pharisäer und einen Zöllner in Lukas 18,9-14:

Er sagte aber auch zu etlichen, die auf sich selbst vertrauten, dass sie gerecht seien, und die übrigen

verachteten dieses Gleichnis: „Es gingen zwei Menschen hinauf in den Tempel, um zu beten, der eine ein Pharisäer, der andere ein Zöllner. Der Pharisäer stellte sich hin und betete bei sich selbst so: O Gott, ich danke dir, dass ich nicht bin wie die übrigen Menschen, Räuber, Ungerechte, Ehebrecher, oder auch wie dieser Zöllner da. Ich faste zweimal in der Woche und gebe den Zehnten von allem, was ich einnehme! Und der Zöllner stand von ferne, wagte nicht einmal seine Augen zum Himmel zu erheben, sondern schlug an seine Brust und sprach: O Gott, sei mir Sünder gnädig! Ich sage euch: Dieser ging gerechtfertigt in sein Haus hinab im Gegensatz zu jenem. Denn jeder, der sich selbst erhöht, wird erniedrigt werden; wer aber sich selbst erniedrigt, der wird erhöht werden.

Ich stelle mir vor, dass der Pharisäer den Tempel niedergedrückt verließ, der Zöllner hingegen vor Freude strahlte. Jesus sagte, dass der Zöllner gerechtfertigt wurde, der Pharisäer jedoch nicht. Das lag NICHT daran, dass Jesus die Sünde nicht störte oder Er einfach keine Pharisäer mochte.

Blenden wir ihr bisheriges Leben einfach mal kurz aus. Der Zöllner wurde gerechtfertigt, weil er seine Sünde anerkannte, der Pharisäer hingegen nicht. Gottes Gnade steht jedem zur Verfügung, der in Demut und nicht in Selbstgerechtigkeit kommt.

Beachten Sie, dass Jesus sagte, dass der Zöllner gerechtfertigt in sein Haus ging und der Pharisäer ein Sünder blieb, weil jeder, der sich selbst erhöht, erniedrigt werden wird; und wer sich selbst erniedrigt, der wird erhöht werden (Lukas 14,11).

Hier trifft die Theorie auf die Praxis, und hier haben so viele Probleme. Sie können ihre Masken nicht ablegen.

Ich hörte die Geschichte eines Mannes, der aufgrund von falschen Entscheidungen große Probleme in seinem Leben hatte, jedoch keine Hilfe und keinen Rat annehmen wollte.

Dieser Mann war Christ, verheiratet und hatte Kinder. Eines Tages fand seine Frau heraus, was er im Verborgenen tat, und konfrontierte ihn damit. Weil sein Gewissen absolut tot war, konnte er noch nicht einmal erkennen, dass er ein Problem hatte und seine Familie durch seinen Lebensstil so sehr verletzte. Am Ende ging seine Ehe kaputt und die Kinder waren völlig traumatisiert. Selbstgerechtigkeit heißt: „Ich kann meine eigene Gerechtigkeit erreichen oder ich schaffe es alleine" was einem gottlosen Herzen entspringt.

Durch Demut haben wir Zugang zur Gnade. Durch Gnade haben wir Zugang zu einem Leben in der Fülle Gottes und zu einer Veränderung unseres Herzens. Die Demut sagt: „Herr, ich kann ohne dich nicht leben, ich brauche dich." Gnade sagt, dass Jesus das bekommen hat, was wir verdient hätten (Strafe, Hölle ...), sodass wir das haben können, was Er verdient hat (Sohnschaft und Zugang zur Gegenwart Gottes).

HANDELN WIE JESUS

Durch ihn aber seid ihr in Christus Jesus, der uns von Gott gemacht worden ist zur Weisheit, zur Gerechtigkeit, zur Heiligung und zur Erlösung. (1. Korinther 1,30)

Religion nimmt einen Menschen und versucht, sein Verhalten zu ändern. Das Ergebnis ist Gebundenheit und Schwachheit; oft geht es dem Menschen hinterher schlechter als zuvor.

Jesus nimmt einen Menschen und stirbt zusammen mit ihm. Das Ergebnis ist, dass Er durch ihn leben kann (Galater 2,20).

Der himmlische Vater hat ein Hauptziel: Seine Kinder sollen aussehen wie Jesus.

Vor kurzem war ich mit einem Freund in Österreich unterwegs, um in verschiedenen Gemeinden zu dienen. Ich versuche immer, mein Leben übernatürlich zu leben, selbst wenn ich unterwegs bin und in Gemeinden diene; also hielt ich nach Menschen Ausschau, für die ich beten könnte. Eines Tages sah ich zwei Männer direkt neben einem Kirchengebäude sitzen.

Ich ging in die Kirche, spürte jedoch, dass Gott mich drängte, wieder nach draußen zu gehen, um etwas Zeit mit den beiden zu verbringen, was ich auch tat. Sofort wusste ich in meinem Geist, dass der ältere Herr homosexuell ist. Der Jüngere von beiden rauchte. Ich fragte sie, ob ich mich zu ihnen setzen könne. Sie nickten und wir fingen an, uns zu unterhalten. Ich behandelte sie so, wie ich selbst behandelt werden wollte. Wir verstanden uns gut; etwas später kam noch eine Frau hinzu. Auf ihre Frage, was ich beruflich mache, antwortete ich: „Ich bin ein Prediger." Ich bekam ein Wort der Erkenntnis für das Fußgelenk der Frau und das Bein des Mannes. Ich konnte für sie beten und ihnen einfach die Liebe Gottes zeigen. Zu dieser Zeit fing der Gottesdienst in der Kirche an. Diese Menschen vor der Kirche wussten nicht einmal, dass an diesem Tag ein Gottesdienst stattfinden würde.

In der Kirche war der Gottesdienst in vollem Gange – und draußen sitzen Menschen, die hoffnungslos verloren sind! In mir kamen alle möglichen Gefühle hoch. So konnte es doch nicht richtig sein; ich spürte, dass Gott wollte, dass ich ihnen „Jesus bin" und ihnen dort diene, wo sie sind.

Ich finde mich ständig in solchen Situationen wieder. Ich spüre tatsächlich, wie wichtig es ist, dass der Leib Christi aufwacht und Jesus für die Welt ist.

Das kann nur passieren, wenn wir uns in unserer eigenen Haut wohlfühlen. Wir müssen wirklich jeden Preis bezahlen, um Jesus kennenzulernen – den, von dem wir behaupten, dass wir Ihn kennen – und Ihn in der Welt bekannt machen. Wissen Sie, für die meisten Menschen werden wir der einzige

Jesus sein, den sie jemals sehen. Wir werden die einzige Bibel sein, die sie jemals lesen. Wir sollten uns nicht entmutigen lassen, sondern uns dessen bewusst sein, dass der Herr Jesus immer danach verlangt, die Menschen um uns herum zu berühren. Was uns davon abhält, ist unsere Selbstsucht, die wir überwinden müssen. Wie wir schon im letzten Kapitel gelesen haben, ist Selbstsucht das Hauptproblem der Welt. Menschen sündigen nicht für andere, sie sündigen für sich selbst. Liebe ist das ganze Gegenteil.

Weil Jesus für uns zur Weisheit, Gerechtigkeit, Heiligung und Erlösung geworden ist, haben wir die Möglichkeit, frei von uns zu sein. Nehmen Sie sich jetzt einige Minuten, um über diesen unglaublichen Vers in 1. Korinther 1,30 nachzudenken.

Mein Mentor, Chris Overstreet, Pastor für Evangelisation der Bethel-Gemeinde in Redding, Kalifornien, sagte immer: „Gott möchte die Welt in uns verändern, damit wir die Welt um uns herum verändern können." Dies sind Worte der Weisheit, die mehreres beinhalten:

1. Nur weil Gott die Welt in uns verändern möchte, heißt das nicht, dass dies automatisch geschieht. Wir müssen Ihm die Erlaubnis dazu geben.

2. Wir können die Welt um uns herum nicht verändern, wenn die Welt in uns nicht verändert wurde.

3. Wenn die Welt in uns verändert ist, können wir die Welt um uns herum verändern. Es passiert nichts durch Nichtstun. Wir müssen uns zur Verfügung stellen.

****

In Houston, Texas, gestand ein Mann einen von ihm begangenen Mord, weil er eine Offenbarung über das Evangelium bekommen hatte! Die Ermittler betrachteten den Tod einer 19-jährigen Frau ursprünglich als Selbstmord, doch ein Mann sah den Film „Die Passion Christi" von Mel Gibson, er wurde überführt und gab den Mord zu!

Wer kann bleiben, wie er ist, wenn er sieht, wie ein sündloser Mensch für ihn starb? Welcher Mensch kann dieser Liebe Gottes widerstehen, wenn er eine direkte Offenbarung vom Himmel bekommt und erkennt, wie weit weg er von der eigentlichen Berufung gelebt hat? Ich glaube, dass Paulus deshalb Christus als den Gekreuzigten predigte (1. Korinther 1,23). Er muss die Kreuzigung so anschaulich beschrieben haben, dass die Herzen der Zuhörer aufgrund der großen Liebe des wunderbaren Retters von ihren Sünden überführt werden konnten.

****

Was die Welt Liebe nennt, hat nichts mit der Liebe Gottes zu tun. Die Welt nennt es Liebe, wenn es sich gut anfühlt. Gott nennt es Liebe, auch wenn es sich schrecklich anfühlt! Sein eigener Sohn hing an diesem Kreuz, nachdem Er schon vorher von den römischen Soldaten schrecklich gefoltert worden war. Vor Seinem Tod wurde Jesus verspottet und ausgelacht. Kein Künstler kann malen, was geschah, als sie Ihn folterten. Wir sehen diese Bilder von Jesus am Kreuz mit ein paar Tropfen Blut auf Seiner Stirn, aber das ist ganz und gar nicht das, wie es wirklich ausgesehen hat. Manche tragen ein Kreuz um ihren Hals oder als Ohrring. Auch wenn diese Tradition oder Symbolik überhaupt nicht falsch ist, fehlt doch manchmal ein Verständnis darüber, sodass die eigentliche Bedeutung mehr und mehr verloren geht. Er wurde ausgepeitscht; Jesus war schon mit Wunden übersät, bevor Er sich vor Kaiphas, dem jüdischen Hohenpriester, verantworten musste.

Die medizinische Zeitschrift *Journal of the American Medical Association* untersuchte, wie Jesus im Garten Gethsemane Blut schwitzen konnte, und kam zu folgender medizinischen Schlussfolgerung:

Wenn eine Person unter echtem oder imaginärem starken Stress oder Druck steht, trennt sich die obere Hautschicht von der zweiten Hautschicht und bildet ein Vakuum, das sich mit geronnenem Blut füllt. Da die betroffene Person aufgrund der seelischen Belastung bereits schwitzt, mischt sich das Blut, wenn es sich durch die Hautporen drückt, mit diesem Schweiß und wird schließlich zu einer dicken Flüssigkeit aus Schweiß und Blut. Dies passiert nur bei Menschen, die unter höchstmöglichem Stress stehen.

Gelehrte und Theologen gehen davon aus, dass sich die Dornenkrone wie Messerklingen in den Schädel von Jesus bohrte. Diese Wunden waren jedoch im Vergleich zum Auspeitschen relativ harmlos.

EIN SÜNDLOSER MANN AM KREUZ

Gleichwie sich viele über dich entsetzten — so sehr war sein Angesicht entstellt, mehr als das irgendeines Mannes, und seine Gestalt, mehr als die der Menschenkinder. (Jesaja 52,14)

Warum musste Jesus so aussehen, bevor er ans Kreuz ging? Warum war sein Gesicht mehr entstellt als bei irgendeinem Anderen? Die Antwort ist sehr einfach: Er musste wie wir aussehen. Es wäre nicht genug gewesen, wenn Jesus einfach nur ans Kreuz genagelt worden wäre. Es wäre nicht genug gewesen, Ihm einfach nur die Dornenkrone aufzusetzen oder ausgelacht zu werden. Alles diente nur dem einen Zweck;

Er musste das werden, was wir waren, vollständig eins werden mit der Strafe, die wir verdient hätten, d. h. den Tod; dazu gehören all die Qualen vor dem Kreuz, die am Ende zum Tod führten; die seelische Qual im Garten Gethsemane, der Tod am Kreuz und Sein Gang in die Hölle für uns.

SEINE HERRLICHKEIT
FÜR UNSERE SCHANDE

Klar weiß ich, dass Jesus nicht der einzige war, der je an einem Kreuz gestorben ist, dennoch war es bei Ihm keine normale Kreuzigung! Andere mussten nicht das erleiden, was Er durchgemacht hat. Es wurde noch nie berichtet, dass jemand für einen anderen einen so schrecklichen Tod starb wie Jesus für uns.

Der Herr gab mir einmal ein Bild. Ich würde es nicht als eine Vision bezeichnen, weil es keine übernatürliche Erfahrung war. Es war mehr wie eine Szene, die der Herr mir in Form eines Bildes in meinem Kopf zeigte. Der Vater versammelte sich mit Seinem Sohn, dem Heiligen Geist und den Engeln des Himmels. Sie schauten vom Himmel auf die Menschheit herab und sahen Kriege, Verbrechen, Perversion, Mord; Sünde in all ihren Formen. Der Vater schaute betrübt weg. Nach einer Weile begann Er, mit den anderen zu besprechen, welchen Preis Er zu zahlen bereit wäre, um das Problem zu lösen. Den vollen Preis zu bezahlen würde bedeuten, mit allem zu bezahlen, was Er hatte, weil wir Ihm alles bedeuteten. Der Wert einer Sache wird immer dadurch bestimmt, wie viel jemand bereit ist, dafür zu geben. Stellen Sie sich vor, jemand geht mit einem 100-Euro-Schein zum Autohaus, um dort einen Lamborghini zu kaufen. Das wird nicht funktionieren!

Im Januar 2014 hatte ich eine Begegnung mit Gott, die ich nie vergessen werde. Ich kann gar nicht genau sagen, ob es ein Traum war oder nicht. Also ganz ehrlich gesagt, ich kann das Erlebnis zwar wiedergeben, aber nicht genau erklären, was eigentlich passiert ist. Ich glaube, Paulus erlebte etwas Ähnliches, als er in den Himmel entrückt worden war und nicht sagen konnte, ob er dabei im Körper oder außerhalb seines Körpers war (2. Korinther 12,2).

Es geschah eines Nachts, ich lag in meinem Bett und plötzlich bewegte sich mein Körper Richtung Himmel. Es fühlte sich an, als ob dabei ganz viel Zeit verging. Den ganzen Weg nach oben spielte sich in mir ein großer Kampf ab. Ich machte mir Sorgen und hoffte inständig, dass der Vater mich annehmen würde. Ich war wirklich besorgt, was passieren würde, aus irgend einem Grund. Ich wusste ja, dass ich ein Kind Gottes war. Aber dieses Erlebnis war so real, sodass man dabei alles vergisst. Ich stieg höher und höher und wusste, dass ich außerhalb der Zeit war, deshalb kann ich nicht sagen, wie lange alles gedauert hat. Plötzlich sah ich den Vater. Er sah aus wie eine riesige Person, die auf einem Thron sitzt. Sein Gesicht glänzte und ich konnte es gar nicht richtig erkennen, weil es so hell strahlte. Als der Vater mich sah, schaute Er zu einer anderen Person, welche in

Seiner Nähe stand und ein langes Gewand trug. Ich wusste, dass diese Person Jesus war. Als ich merkte, wie der Vater von mir weg schaute, wurde ich an die Schriftstelle erinnert, dass es bei Gott kein Ansehen der Person gibt (Apostelgeschichte 10,34).

Er schaute auf Jesus; Seine Gestik schien zu fragen: „Ist er einer deiner Nachfolger?" Jesus nickte mit Seinem Kopf, aber niemand sprach ein Wort. Dann hörte ich in meinem Geist, dass der Vater niemand richtet, sondern Er das Gericht dem Sohn übergeben hatte (Johannes 5,22). Was tat der Sohn mit dem Gericht? Er nahm es auf sich selbst. Der Vater gewährte mir Zutritt in den Himmel! Er schien ohne Emotionen zu sein. Ich spürte, dass ich nur aufgrund Seiner Gnade dort war. Nur aufgrund dessen, was Christus für mich getan hat. Dann hatte ich Gemeinschaft mit meinem Herrn. Ich sah Jesus von der Seite; Er trug ein langes Gewand. Als ich in meinem Geist dort war, überkam mich folgende Erkenntnis: Es gab keinen Grund für den Vater, mich aufzunehmen; Er hätte es nicht machen müssen. Es war nur durch Seine Gnade möglich! Das Einzige, was den Vater zu interessieren schien, war die Frage, ob ich ein Nachfolger Jesu war oder nicht. Ich bekam eine Offenbarung von Epheser 1,5-6: „Er hat uns vorherbestimmt zur Sohnschaft für sich selbst durch Jesus Christus, nach dem Wohlgefallen seines Willens, zum Lob der Herrlichkeit seiner Gnade, mit der er uns begnadigt hat in dem Geliebten".

Dieses Erlebnis prägte mein Leben. Am nächsten Tag wies mich der Herr an, die Schriftstellen, die ich gehört hatte, sorgfältig zu studieren und nicht meine Erlebnisse über Sein Wort zu stellen, sondern meine Erlebnisse durch Sein Wort bestätigen zu lassen.

NICHT MEHR LEBE ICH

Jemand sagte einmal: „Du kannst nicht voller Gott sein,

wenn du voll mit dir selbst bist." Selbstzentriertheit hält die Menschen von ihrer Bestimmung ab. Auf den letzten Seiten habe ich versucht, Ihnen das Evangelium sorgfältig darzulegen. Die Quintessenz ist diese: „Es beginnt mit Gott, nicht mit uns." Viele Versionen des Evangeliums beginnen mit uns, was wir tun können, wer wir sind usw. Doch das ist nicht der Hauptfokus des wahren Evangeliums. Es beginnt mit Ihm. Er ist vollkommen, wir sind es nicht. Wir waren verloren, Er kann retten. Viele Lehrmeinungen, die es heutzutage gibt, haben eins gemeinsam: Sie beginnen mit dem Menschen und nicht mit Gott. Als Paulus das Evangelium in Römer darlegte, begann er mit Gott und kam dann zum Menschen. Das Evangelium klingt heute manchmal ganz anders: Da geht es gar nicht um Gott, sondern nur um mich. Wir wollen uns anschauen, was Jesus sagte:

Da sprach Jesus zu seinen Jüngern: Wenn jemand mir nachkommen will, so verleugne er sich selbst und nehme sein Kreuz auf sich und folge mir nach! Denn wer sein Leben retten will, der wird es verlieren; wer aber sein Leben verliert um meinetwillen, der wird es finden. (Matthäus 16,24-25)

Jesus gab Sein Leben für uns; jetzt wartet Er, dass wir unser Leben Ihm hingeben.

Gott liebte so sehr, dass Er gab. Jesus liebte so sehr, dass Er handelte. Liebe übernimmt selbstlose Verantwortung für eine Situation und handelt nach dem Willen Gottes.

Ich werde nie vergessen, was vor einigen Jahren vor meiner Bekehrung geschah. Wie ich schon am Anfang des Buches beschrieb, war ich in einer sehr gewalttätigen Gang; Straßenkämpfe waren für mich ganz normal.

Eines Tages floh ich nach einem schrecklichen Kampf vor der Polizei. Ich dachte, sie würden nicht herausfinden, wer ich war und wo ich wohnte, doch da hatte ich mich geirrt.

Wie immer kamen ein paar Tage später mehrere Polizisten zu meinem Haus. Als sie eintrafen, trainierte ich gerade in meinem Fitnessraum.

Meine jüngere Schwester Martha beobachtete, wie das Polizeifahrzeug vor dem Haus einparkte. Sobald sie die Polizei sah, rannte sie in ihr Zimmer, fiel vor Gott auf ihr Angesicht und sprach: „Gott, ich gebe dir mein ganzes Leben, WENN SIE PHILIPP NICHT MITNEHMEN UND EINSPERREN!!"

Ihr Gebet wurde erhörte, ich musste nicht ins Gefängnis. Seit diesem Tag folgt sie Jesu von ganzem Herzen nach wie kaum ein anderer, den ich kenne. Sie hat noch nie Alkohol getrunken, keine einzige Zigarette geraucht und ist nie in Diskotheken gegangen. Sie liebt Jesus von ganzem Herzen und schreibt ihre eigenen Anbetungslieder. Nicht lange nach diesem Erlebnis wurde auch ich errettet.

Es ist das Erstaunlichste für mich, wie ein kleines Mädchen mehr von Gott haben kann als die meisten Christen, die ich je getroffen habe. Das Geheimnis liegt vielleicht darin, dass sie die Einfachheit der Liebe Gottes versteht. Heutzutage gibt es alle möglichen Definitionen des Wortes „Liebe". Viele davon haben nur mit Humanismus zu tun. Die Menschen denken nur an sich und verfolgen ihre teuflischen Begierden im Namen der Liebe. Diese Welt wird von Egoismus beherrscht. Wir nennen es Liebe, wenn wir uns dabei wohlfühlen. Der Einzige, der wahre Liebe definieren kann, ist Gott selbst. Beim Humanismus steht das eigene Wohlergehen des Menschen an erster Stelle. Doch deshalb ist Jesus nicht gekommen. Er kam, weil wir hoffnungslos verloren waren. Wohlergehen ist ein Nebenprodukt, kein Hauptprodukt. Martha war nicht sehr glücklich, als sie dieses Gebet sprach. Vielleicht war sie wegen des Lebensstils ihres Bruders total zerbrochen. Das bewegte sie zum Handeln. Sie liebte so sehr, dass sie etwas tat, mit dem sie Gottes Aufmerksamkeit bekommen würde. Sie legte ihr Leben für einen anderen hin. Jesus war nicht sehr glücklich, als Er am Kreuz starb. In der Schrift lesen wir, dass Er das Kreuz erduldete um der Freude willen, die vor Ihm lag (Hebräer 12,2). Martha zeigte, um was es beim Evangelium geht. Das gleiche sollten auch wir tun.

Sie können nicht über Liebe reden und nichts tun. Das ist Heuchelei in ihrer reinsten Form. Ich habe Menschen gehört, die das Wort Liebe 15 Mal in einem Satz verwendeten (glauben Sie mir, ich dachte, dies wäre unmöglich, bis ich es selbst gehört habe).

Jesus ist das ultimative Bild der Liebe Gottes. Sie können selbst studieren, wie Er gelebt und was Er getan hat. Wenn Sie ein Buch über Liebe lesen möchten, kann ich Ihnen einige empfehlen: die Bücher Matthäus, Markus, Lukas und Johannes.

Wahre Liebe vertreibt alle Furcht und menschlichen Meinungen; deshalb hatte Jesus kein Problem damit, dass nicht eine Person erkannte, dass Er Gott war, als Er am Kreuz starb (außer der römische Hauptmann in Matthäus 27,54; Petrus hatte dies in Matthäus 16,16 auch einen kurzen Augenblick verstanden. Ich denke nicht, dass Petrus eine wirkliche Offenbarung darüber hatte, weil er zu diesem Zeitpunkt noch nicht von neuem geboren war; wenn er eine Offenbarung gehabt hätte, hätte er Jesus später nicht verleugnet und verlassen).

Leider sind viele von uns nie wirklich sich selbst gestorben. Wie können wir unser Leben für andere hingeben, wenn wir immer noch am alten Menschen festhalten?

Darum: Ist jemand in Christus, so ist er eine neue Schöpfung; das Alte ist vergangen; siehe, es ist alles neu geworden! Das alles aber [kommt] von Gott, der uns mit sich selbst versöhnt hat durch Jesus Christus und uns den Dienst der Versöhnung gegeben hat; weil nämlich Gott in Christus war und die Welt mit sich selbst versöhnte, indem er ihnen ihre Sünden nicht

anrechnete und das Wort der Versöhnung in uns legte. So sind wir nun Botschafter für Christus, und zwar so, dass Gott selbst durch uns ermahnt; so bitten wir nun stellvertretend für Christus: Lasst euch versöhnen mit Gott! Denn er hat den, der von keiner Sünde wusste, für uns zur Sünde gemacht, damit wir in ihm [zur] Gerechtigkeit Gottes würden. (2. Korinther 5,17-21)

Wenn wir beginnen, uns Jesus bewusst zu sein, statt ständig an uns zu denken, fangen wir wirklich an, unsere neue Identität als Söhne und Töchter Gottes zu leben.

Er macht alles neu.

Und der auf dem Thron saß, sprach: „Siehe, ich mache alles neu!" Und er sprach zu mir: „Schreibe; denn diese Worte sind wahrhaftig und gewiss!" (Offenbarung 21,5)

Wenn Gott in das Leben eines Menschen kommt, begrenzt Er nicht nur die Verluste, sondern macht alles besser als vorher! Beispielsweise machte ich vor meiner Errettung Schlagzeilen mit meinen negativen Geschichten, und nach meiner Errettung wurde die Geschichte meiner Errettung in den Zeitungen und Zeitschriften abgedruckt.

Vor meiner Errettung kannte man mich als Kriminellen; nach meiner Errettung wurde ich schnell als ein Diener Gottes bekannt. Er ändert alles zum Besseren. Die Bekehrung von Paulus im Neuen Testament ist schwer zu verstehen. Hier haben wir einen Mann, der Christen tötete. Auf dem Weg nach Damaskus erlebte er einen geistlichen Tod und eine geistliche Wiederauferstehung (Apostelgeschichte 9). Später sagte er: Ich habe niemandem Unrecht getan, niemanden geschädigt, niemanden übervorteilt (2. Korinther 7,2). Warum? Weil er wusste, dass er nicht nur ein Sünder war, dem seine Sünden vergeben worden waren, sondern jemand, der in einem Augenblick zu einem Heiligen wurde. Seine Vergangenheit war vorbei. Paulus dachte nicht mehr daran, sondern er war sich nur der Tatsache bewusst, dass er nun die Gerechtigkeit Gottes in Christus Jesus war (2. Korinther 5,21).

Nach meiner Errettung musste ich noch mehrmals vor Gericht erscheinen. Ich war schon mehrere Jahre auf Bewährung, deshalb wussten die meisten, dass ich bei der nächsten Verurteilung im Gefängnis landen würde. Ehrlich gesagt, wusste ich nicht, wie ich mich fühlen sollte, als ich vor dem Richter saß. Ich hörte zu, als sie mir vorhielten, in einem Club in einen Kampf mit einem Kickboxer verwickelt gewesen zu sein, bei dem ich diesem mehrere Zähne ausschlug und danach mit meinen Füßen hart auf ihn eintrat, als er schon am Boden lag. Ich möchte hier nicht zu sehr ins Detail gehen, sondern einfach nur erzählen, wie alles geschah. Sein Körper war mit Wunden übersät.

Ich saß also da, musste mich für meinen letzten Kampf in meiner kriminellen Karriere verantworten und verteidigte mich noch nicht einmal. Plötzlich sah ich ein Kruzifix auf dem Tisch des Richters stehen. Als ich aufgefordert wurde, etwas zu sagen, fing ich an, das Evangelium zu predigen. Ich zeigte auf den Retter, der an diesem Kreuz hing, und erklärte dem Richter, dass ich jetzt für diesen Mann lebe. Der Richter nahm mich jedoch nicht ernst. Am Ende wurde ich zu 5 Monaten Gefängnis ohne Bewährung verurteilt. Es war wie in einem Film, der vor meinen Augen ablief, als ich das hörte. Mir war schwindelig und ich war froh, als ich kurz danach den Gerichtssaal verlassen durfte. Ich fühlte mich wirklich krank. Mein Anwalt schaute mich an und sagte mir: „Es tut mir leid." Wir entschlossen uns, gegen das Urteil Berufung einzulegen, doch es gab nicht wirklich viel Hoffnung für mich, weil meine Bewährung schon mehrfach verlängert worden war. Es beteten jedoch sehr viele Menschen für mich, und ich habe gemerkt, dass, wenn Menschen beten, sich Dinge verändern!

Bei meinem zweiten Gerichtstermin zu diesem Fall begleiteten mich zwei Freunde; Pastor Kent Andersen und Pastor Oskar Kaufmann, die für mich in Sprachen beteten, während ich im Gerichtssaal saß. An diesem Tag lief alles ganz anders! Ich stand schon mehrmals vor Gericht, doch was ich an diesem Tag erlebte, war einmalig. Der Richter schaute sich den Fall einfach an, war sehr freundlich zu mir und, als ich ihm erzählte, wie ich Christ wurde und dass ich jetzt ein anderer Mensch bin, entschied er, meine Strafe noch einmal zur Bewährung auszusetzen. Ich musste also nicht ins Gefängnis!

Der Herr macht alles neu! Danach musste ich meinen sechsmonatigen Wehrdienst antreten, der in Österreich Pflicht ist. Als ich meinen Einberufungsbescheid erhielt, gehörte ich zu den 5 % der Männer mit dem höchsten IQ, d. h., ich hätte mich zum Piloten für Düsenflugzeuge ausbilden lassen können. Mein älterer Bruder war Elitesoldat und ist Pilot; das hatte mir schon immer gefallen und ich wollte einen ähnlichen Weg einschlagen, um einfach auch so cool zu sein wie er. Ich erinnere mich noch genau daran, als sei es gestern gewesen. Ich wurde mehrmals nacheinander über Lautsprecher ausgerufen, weil ich ein Gespräch mit einem Psychologen führen sollte. Aufgrund meines langen Vorstrafenregisters dachten sie, die Tests seien verwechselt worden. Um es kurz zu fassen: Letztendlich bekam ich die niedrigsten Arbeiten in den Baracken zugeteilt, wie Toiletten reinigen und Wände malern.

Es war eine Zeit, in der ich scheinbar von einer Demütigung zur nächsten ging. Lange Zeit durfte ich keine Waffe tragen (nicht, dass ich das unbedingt gebraucht hätte) und auch keine Ausbildung zum Sanitäter machen. Doch ich konnte immer von Jesus erzählen, also ging es mir gut. Ich denke an viele solcher Begebenheiten zurück; sie hatten alle eins gemeinsam: Sie waren DEMÜTIGEND. Seitdem gehe ich von Herrlichkeit zu Herrlichkeit. Ich erwähne dies hier, weil einige von Ihnen eine schwere Zeit durchmachen. Lassen Sie sich nicht entmutigen;

sehen Sie es als großartige Möglichkeit, um Gottes Gnade in Ihrem Leben zu erfahren. Gottes Gnade funktioniert in hoffnungslosen Situationen am allerbesten.

Ich betrachtete meine Armeezeit als perfektes Missionsfeld und erzählte ständig von Jesus.

In meiner Gruppe gab es einen Moslem, der wirklich aggressiv und wütend war. Das hatte gar nichts mit seiner Religion zu tun; er ging nur durch schwierige Zeiten und war allgemein sehr verbittert gegenüber anderen. Seine Verlobte war zu diesem Zeitpunkt schwanger. Kurz zuvor hatte sie schon ein Kind verloren und jetzt gab es wieder Komplikationen. Er kam zu mir und bat mich um Gebet für sie, weil er mich von Wundern hatte reden hören. Ich betete für sie, und der Herr bewahrte das Baby im Bauch. Wenn mich später andere Rekruten über meinen Glauben ausfragten und wissen wollten, warum ich so bin, wie ich bin, sagte er ihnen immer ganz offen, dass mein Gebet „funktioniere" und sie auf mich hören sollten. Ein Moslem, der Jesus bezeugt; wie wunderbar! Es wäre zu schwer, die offensichtlichen Werke Jesu zu verleugnen. Ich versuchte nicht, irgendjemanden zu überzeugen. Wissen Sie, wenn Gott etwas in Ihrem Leben tut, kann das niemand verleugnen.

Der Herr sprach zu mir, dass ich zu Bethel gehen werde; kurze Zeit später fand ich heraus, dass Er von der Bethel School of Supernatural Ministry in Redding, Kalifornien, gesprochen hatte. Im darauffolgenden Herbst fand ich mich statt im Gefängnis in dieser Bibelschule wieder! Gott tat mehrere Wunder gleichzeitig. Mein Militärdienst sollte eigentlich bis Oktober dauern, das erste Schuljahr in Bethel begann jedoch schon im September – so hätte ich gar nicht gehen können. Also beantragte ich bei meinen Vorgesetzten in einem langwierigen Prozess eine vorzeitige Entlassung aus dem Militärdienst, die jedoch abgelehnt wurde. Mein Vater und ich nahmen deshalb mehrere christliche Zeitschriften mit meiner Geschichte, z. B.

den Artikel *Vom Nazi zum Evangelisten*, schrieben einen langen Brief und schickten alles zum österreichischen Verteidigungsminister, der einer der mächtigsten Politiker im Land ist. Nur wenige Tag später wurde mein Vater informiert, dass ich das Militär verlassen darf! Ich bekam mein Visum in ganz kurzer Zeit, und Gott katapultierte mich ohne Probleme in meine Bestimmung hinein. Das klingt wirklich komisch: Bibelschule statt Gefängnis! Gott macht alles neu. Mein Freund, ich möchte Ihnen sagen, dass Gott dasselbe für Sie vorbereitet hat, wenn Sie bereit sind, die Kosten zu überschlagen und Gott völlig hingegeben zu leben. Ihr Weg mag anders aussehen als meiner, und das ist auch gut so. Wir brauchen nicht mehr Leute, die genauso sind wie ich; wir brauchen Leute, die alles sind, wozu Gott sie vorgesehen hat.

Vor kurzem wurde ich in Deutschland vom Club 700 interviewt. Der Club 700 ist eine Fernsehsendung des christlichen Senders CBN (Christian Broadcast Network). Eigentlich war es eher ein Dokumentarfilm als ein Interview. An diesem Wochenende hatte ich sechs Mal gepredigt. Am Montag kamen sie dahin, wo ich gerade in Deutschland war, und filmten mich fast den ganzen Tag. Ich war so erschöpft. Das Film-Team interessierte sich sehr für meine Geschichte, meine Vergangenheit, wie ich ein Nazi geworden war, usw. Ich berichte nur gern von meiner Vergangenheit, weil sie zusammen mit meiner Errettung zeigt, wie groß Gott ist. Doch ich habe ein Problem damit, wenn meine Vergangenheit das Einzige ist, wofür sich die Menschen interessieren.

Stellen Sie sich ein junges Paar vor, das sich verlobt und bald heiraten möchte. Es gab eine Zeit, in der sich die beiden nicht kannten – die Vergangenheit. Dann gab es eine Zeit, in der sie sich kennenlernten und schließlich heirateten. Dann wird es eine Zeit geben, in der sie zusammenleben – die Gegenwart und die Zukunft. Was ist Ihrer Meinung nach die wichtigste und größte Zeit? Ich denke mal, die Zeit ihres Zusammenlebens als Ehepaar. Bevor ich Christ wurde, kannte ich Ihn nicht. Dann heirateten wir – das ist meine Errettung. Nun wandle ich mit Ihm; das ist mein Leben mit Ihm. Das ist das Wichtigste!

In sehr kurzer Zeit durfte ich erleben, wie die Tauben hören, die Blinden sehen, die Stummen sprechen, die Lahmen gehen, gebrochene Knochen heilen, verschiedene Krebsarten verschwinden und Tausende zu Jesus kommen. Das ist wunderbar, und ich gebe Gott alle Ehre dafür. Doch ich habe mich in Jesus verliebt, weil Er mich liebte, als ich mich selbst gehasst habe. Das ist das Wichtigste. Jesus zu kennen und zu lieben, steht an erster Stelle. Nicht jeder ist berufen, Tausende für Jesus zu erreichen, doch das ist in Ordnung. Gott möchte uns dort gebrauchen, wo wir sind.

Ich möchte Sie bitten, folgendes Gebet zu beten und den Herrn zu bitten, dass Sie in der Realität dessen leben, was Er für Sie geplant hat.

GEBET

Vater, ich komme als Dein Kind zu Dir. Ich möchte Dich ganz innig kennen. Ich bitte Dich in dem Namen Jesus, mir Gnade zu schenken, damit ich in dem wandle, was Du für mich vorgesehen hast. Ich danke Dir, Vater, dass Du mich in diese selbstsüchtige Welt sendest, wie Du Jesus gesandt hast. Hilf mir, anderen die wahre Liebe zu zeigen. Mach mich zu einem Botschafter. In Jesu Namen, Amen.

3

DAS HINGEGEBENE LEBEN

... doch nicht mein, sondern dein Wille geschehe!
(Lukas 22,42)

Eines Tages, wenn wir in die Ewigkeit eingetreten sind, schauen wir auf unser irdisches Leben zurück. Dann können wir sehen, wie oft Gott uns nachgegangen ist und sich nach Gemeinschaft mit uns gesehnt hat. Wir werden auch sehen, wie wir auf Seinen Ruf reagiert haben – wann wir Ihn zurückgewiesen, unsere Herzen verhärtet und unsere Augen gegenüber der Wahrheit oder der Realität verschlossen haben.

Wir leben in einer Zeit, in der die Menschen, die sich wirklich Gedanken machen, langsam den Grund für die Schöpfung erkennen. Die Evolution ist nachweislich totaler Unsinn und nichts anderes als eine Reihe von Spekulationen; sie kann nicht als „Wissenschaft" bezeichnet werden, denn die Definition von Wissenschaft ist "das Wissen, das durch Untersuchungen oder durch die Praxis gewonnen wird" oder „das Wissen, das sich auf allgemeine Wahrheiten zur Wirkung von allgemein gültigen Gesetzen bezieht und insbesondere durch wissenschaftliche Methoden gewonnen und überprüft wird, und das Wissen, das die physische Welt betrifft."[2]

Die Evolution – „eine Veränderung einer Art" oder „die allmähliche Entwicklung von etwas" – wurde nicht getestet und konnte auch nicht mit einer wissenschaftlichen Methode nachgewiesen werden. Deshalb bleibt sie eine „Theorie".

Das Pferd bleibt ein Pferd. Der Affe bleibt ein Affe. Der Mensch war schon immer ein Mensch. Ich stimme hundert Prozent mit dem überein, was E. W. Kenyon sagte: „Die Evolution hat Millionen in die Irre geführt und niemandem geholfen."

Die Menschen brauchen eine Begegnung mit einem liebenden Gott und eine Demonstration der Wahrheit Seines unfehlbaren Wortes. Ich bin überzeugt, dass wir der Kanal zwischen Himmel und Erde sein sollen, damit diese Begegnung stattfinden kann.

Mein Gebet ist, dass sich folgende Wahrheit fest in Ihrem Herzen und in Ihrem Verstand verankert:

Jesus kann durch uns nur in dem Maß leben, in dem unser eigener Wille Seiner Herrschaft untergeordnet ist.

Mir gefällt sehr, was Bill Johnson uns in der School of Ministry gelehrt hat: „In deinem stillen Kämmerlein schreist du nach einem Durchbruch, doch in der Öffentlichkeit gehst du das Risiko ein." Beides ist sehr wichtig: das Gebet und das Leben im Glauben auf der einen Seite und das Hinausgehen auf der anderen Seite. Die meisten nehmen sich jedoch leider nicht die Zeit, Gott im Gebet zu suchen. Wenn Ihr Leben nicht mit Christus voll ist, was können Sie dann weitergeben? Das Ergebnis ist ein kraftloses Evangelium.

Meine Begegnungen mit Jesus formten meinen inneren Menschen, sodass ich Christus nach außen zeigen kann. Ich füllte viele Notizbücher mit dem, was Gott zu mir gesprochen, mir offenbart und mir aufgetragen hat. Häufig erhält der Diener seine Anweisungen im Verborgenen, und Sie finden diesen verborgenen Ort nur, wenn Sie den Herrn lieben.

In den letzten Jahren habe ich viele wunderbare Dinge von großen christlichen Leitern und Evangelisten gelernt. Doch mein himmlischer Vater hat mir mehr gezeigt als sie alle zusammen. Deshalb bete ich: „Was immer notwendig ist, Herr, bitte hilf mir, auf meinen Knien zu bleiben."

Wo immer ich das Evangelium in der Welt predige, sehe ich die Wunder Christi. Doch ich bin überzeugt, dass wir Folgendes verstehen müssen: Ich denke nicht, dass Gott zu erleben uns automatisch näher zu Jesus führt, sondern dass unsere persönliche

Zeit mit Ihm, unsere stille Zeit, uns näher zu Jesus bringt.

Einige sagen vielleicht: „Nun, ich kann gar nicht näher zu Jesus kommen, weil ich schon in Christus bin." Ja, das ist wahr für diejenigen, die sich auf dieser Wahrheit über ihre Stellung in Christus für den Rest ihres Lebens ausruhen möchten. Es gibt jedoch immer einen Überrest, der das Wahre erleben, den Meister in Seiner ganzen Fülle kennen und alle Seine Geheimnisse verstehen möchte.

Es war nie vorgesehen, dass wir an unserem eigenen Leben festhalten. Gottes Plan war, dass wir als Seine Kinder in Gemeinschaft mit Ihm leben – eingetaucht in Seiner Gegenwart und vereint mit Jesus, damit Christus durch uns sichtbar wird. Ich sage es noch einmal: Jesus kann durch uns nur in dem Maß leben, in dem unser eigener Wille Seiner Herrschaft untergeordnet ist. Meine Entscheidungen, die ich heute treffe, können den nächsten Tag, die nächste Woche und die Ewigkeit beeinflussen.

Ich mag keine Formeln, wie man beten oder den Herrn suchen soll. Gebet ist Gemeinschaft mit Gott, und die sollte bei jedem einzelnen anders aussehen. Für jeden Gläubigen empfehle ich, vor allem Wert auf die persönliche Hingabe und die persönliche Gebetszeit mit dem Herrn zu legen. Bevor ich regelmäßig ungewöhnliche Wunder erlebt habe, hatte ich eine Zeit, in welcher der Herr mich führte, jeden Tag eine bestimmte Anzahl von Stunden im Gebet zu verbringen. Ich war überrascht über Seine Anweisung, denn ich wurde gelehrt, dass es nicht um die Anzahl der Stunden im Gebet geht. Ich glaube immer noch, dass dies stimmt, doch der Herr handelt gern anders, als wir denken oder es uns vorstellen. Unser Denken und unsere Vorstellungen werden häufig dadurch beeinflusst, was wir von anderen hören. Ich bin überzeugt, dass wir unser Denken und unsere Vorstellungen zuallererst vom Wort Gottes formen lassen sollten, indem wir selbst das Wort studieren und darüber nachsinnen. Wenn der Herr Ihnen dann sagt, zu einer bestimmten Zeit aufzustehen und Gottes Angesicht für eine bestimmte Zeit zu suchen, gibt Er Ihnen auch die Kraft, dies zu tun. Das heißt nicht, dass Sie sich etwas erarbeiten, sondern einfach zeigen, dass Sie für Gottes Werk in Ihnen und durch Sie bereit sind. Längere Zeiten im Gebet und dem Nachsinnen über das Wort sind absolut notwendig, wenn wir etwas Großes für den Herrn erreichen wollen.

STILLE

Seid still und erkennt, dass ich Gott bin; ich werde erhaben sein unter den Völkern, ich werde erhaben sein auf der Erde! (Psalm 46,10)

Ich war seit 18 Monaten Christ, als ich einen jungen Mann kennenlernte, der etwas älter war als ich. Er lehrte über Gebet und andere Themen wie Meditation, betrachtendes Gebet, das Wort Gottes und unsere Vereinigung mit Christus. Seine Person faszinierte mich und er erinnerte mich ein bisschen an einen modernen Franz von Assisi. Ich kenne keinen anderen, der Gott so hingegeben war wie dieser junge Mann. Oft beobachtete ich ihn in der Öffentlichkeit; scheinbar interessierte ihn gar nicht, was um ihn herum passierte. Einmal saßen wir auf einer Bank an einem öffentlichen Platz und unterhielten uns, als er sich plötzlich und völlig unerwartet aufs Gras legte und anfing, Gott anzubeten. Das war kein unüberlegtes Handeln, doch ihm war nur Gott wichtig. Ein anderes Mal sah ich ihn, wie er mit geschlossenen Augen lief. Er blickte zum Himmel, lächelte und war völlig vom Geist Gottes eingenommen. Er wartete nicht auf einen besonderen Gottesdienst oder ein besonderes Treffen, um von Gott berührt zu werden. Er lebte einfach immer in Gottes Gegenwart. Das heißt jetzt nicht, dass wir alle so werden müssen wie er oder mit langen Haaren, schmutzigen Kleidern und in völliger Armut umherlaufen müssen. Doch durch diesen jungen Mann habe ich erkannt, dass Jesus der Einzige ist, den ich wirklich immer brauche. Wenn wir bei Jesus nicht erfüllt sind, finden wir nirgends Erfüllung.

Dieser Mann lehrte mich, dass die Meditation über das Wort Gottes ein wichtiger Teil des Gebets ist, oder besser gesagt: Er lehrte mich zu beten! Als Gläubige haben wir den Heiligen Geist, der in uns wohnt. Wir müssen nur erkennen, wer in uns wohnt. Meiner Meinung nach ist die größte Realität des Neuen Bundes nicht, dass wir äußerliche Manifestationen der Kraft Gottes sehen, sondern dass Gott in uns wohnt. Er könnte nicht in uns leben, wenn wir noch Sünder wären. Doch wir sind von neuem geboren und durch den Heiligen Geist neu gemacht, sodass Er Wohnung in uns machen kann!

Das Meditieren über die Schrift ist sehr einfach: Sie nehmen einfach einen Bibeltext, lesen ihn, lesen ihn noch einmal und beginnen dann, ihn in der Stille vor Gott „zu kauen" und die ganze Bedeutung herauszusaugen. Danach können Sie anfangen, diese Verse zu beten, bis Sie schließlich ganz tief und innig mit Gott kommunizieren. Die Schrift ist Ihr Anker, an dem Sie sich immer festhalten können. Ich ermutige Sie, sich jeden Tag Zeit zu nehmen, um über das Wort Gottes nachzusinnen. Um dieses Thema ausführlicher zu studieren und weitere Inspirationen zu erhalten, empfehle ich die Bücher von Madame Guyon, Thomas Kempis, Katharina von Siena und anderen.[3]

Stille und/oder Meditation sind sehr effektive Formen des Gebets, weil zuallererst Ihr Denken erneuert wird und zweitens Sie dabei lernen und trainieren, Gottes Stimme zu hören. Jeder Gläubige sollte Gottes Stimme hören können. Unsere Gedanken sind so leicht ablenkbar und beschäftigen sich mit anderen Dingen. Also liegt das Problem nicht bei Gott. Meist ist es unsere Unfähigkeit, das wahrzunehmen, was Er uns sagen möchte.

Wenn wir über Gottes Wort nachsinnen, schauen wir auf das, was Gott tut, und werden ansteckend. Viele Christen lassen sich eher durch ihre Gefühle und Emotionen leiten als durch ihren Geist. Wenn Sie sich allein auf das Wort Gottes konzentrieren, wird Er Ihren Weg führen, und Sie werden von innen nach außen leben, sodass Ihr Leben nicht mehr von den Umständen bestimmt wird. Statt dass Sie Ihren Gefühlen folgen, werden Ihre Gefühle Ihnen folgen.

BITTEN

Und alles, was ihr bitten werdet in meinem Namen, das will ich tun, damit der Vater verherrlicht wird in dem Sohn. (Johannes 14,13)

Es gibt Menschen, die Gott nie um etwas bitten, weil sie denken, dass sie irgendwie nicht würdig sind oder Er ein böser und zorniger Gott ist, der uns absolut nichts geben will; dann gibt es solche, deren Gebet nur aus Bitten besteht, weil sie nur an sich denken. Ich möchte Ihnen ein gesundes Gleichgewicht geben: Jesus betont mehrmals, dass wir den Vater um alles bitten können, was wir brauchen, und Er es uns gibt. Wenn wir den Herrn ehren, aufrichtig vor Ihm leben, wird Er uns nicht nur mit dem Nötigsten versorgen, sondern uns nach Seinem Willen mehr als genug geben. Auf der anderen Seite ist das Bitten nicht der wichtigste Teil des Gebets. Wenn Sie verheiratet sind und Ihren Partner lieben, bitten Sie ihn oder sie nicht ständig um Geld, das Auto oder andere Sachen. Diese Dinge sind einfach ein Nebenprodukt Ihrer innigen Gemeinschaft miteinander. Sie sollten auch wissen, dass der Vater im Himmel schon weiß, was Sie brauchen, bevor Sie Ihn darum bitten (Matthäus 6,8). Einige Christen betteln ständig Gott um etwas, obwohl sie es nur im Glauben empfangen müssten. Wenn wir Gott um etwas bitten, muss dies in unerschütterlichem Glauben geschehen (Jakobus 1,6), sonst funktioniert es nicht.

INTIMITÄT

Jesus lehrte uns, so zu beten:

Deshalb sollt ihr auf diese Weise beten: Unser Vater, der du bist im Himmel! Geheiligt werde dein Name. (Matthäus 6,9)

Wir gehen nicht zu Gott als zu einem weit entfernten Wesen, das irgendwie das Universum regiert, aber nie Zeit für uns hat. Wir gehen zu Ihm als zu unserem Vater. Wir müssen dies wirklich verstehen, denn oft können wir Seine Liebe und Seine Gegenwart nicht erleben, weil wir uns unwürdig fühlen.

Als Gott anfing, mir zu zeigen, wie angenommen ich bin, fühlte ich mich manchmal so überwältigt, dass ich gar nicht mehr wusste, wie ich damit umgehen sollte. Nach und nach entstand diese innige Gemeinschaft zwischen Ihm und mir, die bis heute anhält. In meinen Zeiten mit dem Herrn machte ich unglaubliche Erfahrungen, ich hörte Seine Stimme oder lernte von Seinem Wort. Ich schätze meine Beziehung mit dem Herrn so sehr. Diese Beziehung ist nur zwischen Ihm und mir; niemand anderes spielt dabei eine Rolle. Das macht Ihn so persönlich. Wenn das bei Ihnen noch nicht so ist, beginnen Sie Ihre Geschichte mit Gott – eine Geschichte des Gebets, der Gemeinschaft und der Intimität mit dem König der Könige.

Wenn Sie nicht richtig wissen, wo Sie anfangen sollen, geben Sie nicht auf. Er wird Sie lehren, wie Sie beten sollen, und wird Sie dort abholen, wo Sie sind. Haben Sie keine Angst vor Vielfalt. Bleiben Sie nicht in Formeln hängen, wie Sie sich Gott nähern sollen. Wenn Sie verheiratet sind, würden Sie nicht jedes Mal, wenn Sie ausgehen, in dasselbe Restaurant gehen. Genauso ist es mit dem Gebet; Sie müssen nicht immer auf dieselbe Weise beten. Manchmal gibt es Zeiten, wo Sie viel in Sprachen beten, manchmal gibt es Zeiten, wo Sie einfach laute Anbetungsmusik anhören oder einen Bibelvers beten. Seien

Sie offen für Vielfalt, damit Ihr Gebetsleben nicht trocken wird.

GÖTTLICHE BEGEGNUNGEN

Vor allem sehnt sich Gott nach Gemeinschaft mit uns. Es passiert mir immer wieder, dass ich, wenn ich diene oder predige und die Kraft Gottes kommt und Menschen verändert werden, nach dem Gottesdienst die Gegenwart Gottes in meinem ganzen Körper spüre. Ich zittere und kann die ganze Nacht nicht eine Sekunde schlafen! Am Anfang dachte ich, dass ich dann am nächsten Tag müde sein würde, was ich aber nicht war. So erkannte ich: Wenn die Arbeit erledigt ist, lädt Er uns ein, Zeit mit Ihm zu verbringen. Wir sollten diese Zeit nicht verpassen.

Wenn wir die Gegenwart Gottes erleben, bleibt unsere Beziehung mit Gott frisch. Die Gegenwart Gottes ist der Heilige Geist. Der Heilige Geist ist Gott. Manchmal verbrachte ich mit Freunden Stunden im Gebet, und wir erlebten, wie sich Goldstaub auf unsere Hände oder unseren Kopf legte. Das passierte nicht nur in Wundergottesdiensten, sondern auch zu Hause im Wohnzimmer. Ich glaube, dass Gott auch durch sichtbare Zeichen zu uns spricht. Die Israeliten erlebten, wie Gott sie mit sichtbaren Zeichen aus Ägypten herausführte, und sie wussten, was Er damit meinte. Wenn wir Gott begegnen, müssen wir sehr wachsam und offen sein für ALLES, was Gott tut, und dürfen den Heiligen Geist nicht betrüben.

Ich weiß noch, als ich kurz nach meiner Errettung mit einigen aus der Jugendgruppe meiner Gemeinde eine Ausgießung der Herrlichkeit Gottes erlebte. Wir waren so hungrig nach Gottes Gegenwart. Die Leute fielen unter der Kraft Gottes, rollten auf dem Boden und zitterten; manchmal legte sich Goldstaub auf uns. Einmal besuchte eine Jugendgruppe aus einem anderen Land unsere Gemeinde. Sie waren sehr skeptisch, als sie sahen, was mit uns passierte. Es gab offene Diskussionen darüber, und viele bezweifelten, dass diese Manifestationen von Gott sind. Als sie wieder abreisten, waren aus irgendeinem Grund auch manche Manifestationen nicht mehr da!

Eine Begegnung mit dem Herrn, die ich vor ein paar Jahren in der Bethel-Gemeinde in Redding, Kalifornien, hatte, werde ich nie vergessen. Es passierte in meinem ersten Jahr in der School of Ministry.[4] In einem Sonntagsgottesdienst kam die Kraft Gottes während der Anbetung in einem Nebenraum auf mich, sodass ich aus dem Stuhl kippte. Zehn Minuten lang rollte ich mich auf dem Boden und zitterte. Als ich wieder zu mir kam, war der ganze Raum, der mehrere hundert Menschen fasste, leer! Ich versuchte aufzustehen, um herauszufinden, was los war. Ich ging in den Hauptsaal und sah, wie mehr als 1000 Menschen mit erhobenen Händen Gott anbeteten. Keine Musik, keine Instrumente, nur Anbetung. Die Herrlichkeit Gottes kam in Form einer sichtbaren Goldwolke in das Gebäude! Das geschah mehrmals in dieser Gemeinde.

Ich bin für diese Begegnungen so dankbar. Leider reicht der Platz hier nicht, um weitere Zeugnisse zu erzählen. Ich bin überzeugt, dass sie nicht auf eine Gemeinde oder eine Bewegung begrenzt sind. Wir alle können Gott auf ungewöhnliche Weise erleben, wenn wir den Hunger haben und beständig Seine Nähe suchen.

FÜRBITTE

Einige Dinge, die in meinem Leben geschahen, sind das Ergebnis des Gebets anderer für mich. Es geschieht etwas, wenn jemand betet, der aufrichtig vor dem Herrn lebt.

Das Gebet eines gerechten Menschen hat große Macht und kann viel bewirken. (Jakobus 5,16, Neues Leben)

Oft vernachlässigen wir die Fürbitte, weil wir Gottes Herz nicht kennen und Seine Last für eine Situation oder eine Person nicht spüren. Je enger wir mit Ihm wandeln, desto mehr erkennen wir Sein Herz.

Einige meiner Helden sind einige ältere Frauen aus einem christlichen Altersheim in einer Ortschaft in der Nähe meines Zuhauses in Österreich. Hin und wieder erhalte ich einen Brief von Schwester Traude, die eine dieser Frauen ist. Diese Briefe berühren mich tief. Diese Frauen sind wie geistliche Helden im unsichtbaren Bereich. Wenn wir in den Himmel kommen, sehen einige von uns wahrscheinlich im Vergleich mit ihnen wie Zwerge aus. Vor einigen Jahren hatten diese Frauen zusammen mit einer Pfingstgemeinde eine Woche des Gebets und Fastens. Ich stand auf ihrer Gebetsliste! Am letzten Tag dieser Woche ging der Pastor der Gemeinde, Oskar Kaufmann, zu meiner Mutter und sagte ihr, dass sie für mich gebetet hätten. Genau an diesem Tag hatte ich meine Begegnung mit Gott und wurde radikal gerettet! Es geschieht etwas, wenn Menschen für andere beten.

Ich glaube, dass Gebet die Angriffe des Feindes sogar ablenken und zerstören kann. Es ist schon erstaunlich, dass immer, wenn Gott etwas in einem Menschen tut, der Feind sofort kommt, um es wegzunehmen. Möchten Sie wissen, was ich nach meiner radikalen Errettung nur einen Tag später tun wollte? Ich fuhr zu meiner Freundin, die wenige Tage zuvor mit mir Schluss gemacht hatte, und wollte wieder Kontakt aufnehmen. Ich vermisste sie einfach und dachte gar nicht darüber nach, was eben mit mir passiert war. Als ich ankam, wollte sie nicht einmal mit mir reden. Später war ich dafür sehr dankbar.

Stellen Sie sich vor, was passiert wäre, wenn wir uns wieder versöhnt hätten. Ich hätte mein altes Leben in das neue Leben hineingezogen (unsere Beziehung war ja vor Gott nicht richtig), und der Feind hätte die Auswirkung meiner Begegnung mit Gott gestohlen. Doch durch Gottes Gnade konnte ich mein altes Leben komplett hinter mir lassen. An diesem Tag fuhr ich dann direkt zu Pastor Oskar Kaufmann, und wir beteten zusammen. Ich war auf dem Weg in ein neues Leben mit Gott – möglich war dies unter anderem deshalb, weil Menschen für mich beteten. Diejenigen, die für meine Errettung gebetet haben oder immer noch für mich beten, werden eines Tages einen Anteil an der Belohnung erhalten: für jede Seele, die ich für das Reich Gottes gewinne, für jeden Menschen, der ein Wunder von Gott durch meinen Dienst empfängt oder für jeden Segen, der durch meinen Mund gesprochen wurde. Wir arbeiten zusammen, und Gott gebraucht uns dort, wo wir sind, wenn wir bereit sind zu beten und zu gehorchen.

Mein jüngerer Bruder Thomas betete vor meiner Bekehrung viel für mich. Einmal musste ich eine wichtige Entscheidung treffen. Ich wurde vom Anführer der Gang, zu der ich gehört hatte, gebeten, das „Revier" in unserer Region zu übernehmen und der neue Anführer zu werden, weil er selbst einige Monate ins Gefängnis musste. Das war eine echt schwere Entscheidung. Wenn ich Ja gesagt hätte, gäbe es niemals mehr ein Zurück. Mein Bruder wusste absolut nichts davon. Eines Abends spürte er vom Heiligen Geist, dass er beten sollte, und der Teufel versuchte, ihn davon abzuhalten. In seinem Zimmer war eine starke dämonische Macht spürbar.

Das erinnert mich an die Geschichte in Lukas 22. Bevor Jesus verraten und verhaftet wurde, wies Er Seine Jünger an, nicht zu schlafen, sondern zu beten. Doch die Jünger schliefen ein. Es fand ein echter geistlicher Kampf statt, und der Teufel ließ sie müde werden, damit sie nicht beteten.

Genauso versuchte der Teufel, meinen Bruder davon abzu-halten, für mich zu beten. Mein Bruder berichtete mir, dass es sich anfühlte, als ob der Teufel selbst in seinem Zimmer war. Er schwitzte am ganzen Körper und betete. Davon hatte ich nichts mitbekommen, doch als ich am nächsten Morgen aufwachte, stand meine Entscheidung fest, nicht der Anführer der Gang für dieses Revier zu werden. Aus irgendeinem Grund konnte ich es nicht tun!

In 1. Timotheus 2,4 lesen wir, dass es Gottes Wille ist, dass alle Menschen errettet werden. Warum sehen wir dann nicht, wie jeden Tag mehr Menschen von neuem geboren werden? Ich denke, dass dies größtenteils daran liegt, dass die bereits Erretteten nicht beständig für die Verlorenen beten. Oft geben wir auf, wenn wir keine unmittelbaren Ergebnisse sehen. In der Fürbitte ist die Beständigkeit der Schlüssel zu Ausdauer und Beharrlichkeit.[5] Gebet zerbricht dämonische Mächte, die verhindern, dass der Wille Gottes geschieht. Gott wird nie gegen den freien Willen der Menschen handeln, doch durch unsere Fürbitte kann Er sich ihnen offenbaren. Jesus gab Sein Leben, damit unsere Freunde errettet werden können. Bis Jesus wiederkommt, sollten wir nicht aufhören, für die Nichtchristen in unserem Verwandten- und Bekanntenkreis zu beten.

ABHÄNGIGKEIT

Ich kann nichts von mir selbst aus tun. Wie ich höre, so richte ich; und mein Gericht ist gerecht, denn ich suche nicht meinen Willen, sondern den Willen des Vaters, der mich gesandt hat. (Johannes 5,30)

Ich bin überzeugt, dass eine Abhängigkeit von Gott entsteht, wenn Stille, Intimität, göttliche Begegnungen, Fürbitte und Bitten Teil unseres Gebetslebens sind. Wir wollen uns noch einmal daran erinnern, was den Menschen wirklich von Gott trennte: Es war seine Überzeugung, dass er Ihn in seinem Leben nicht brauche – das heißt Unabhängigkeit. Die Menschheit braucht die Abhängigkeit, weil wir so verletzlich sind. Gott gibt uns Liebe, Zuneigung, Schutz, Sicherheit und alles, was wir im Leben brauchen.

Wenn wir alles haben, was wir brauchen, warum sollten wir dann unseren eigenen Weg gehen?

Ein großer Mann Gottes sagte einmal: „Je mehr und länger ich lebe, desto mehr erkenne ich, was ich nicht weiß." Seien Sie mit Offenbarungen vorsichtig, die Sie von Gott unabhängig machen, statt Ihre Abhängigkeit und Verbindung mit Ihm in Ihrem täglichen Wandel zu stärken.

Nachdem ich mit Freunden einen Strand in Australien besucht hatte, hörte ich im Auto auf dem Rücksitz ein Lied, in dem es wiederholt heißt: „Lobe den Herrn, meine Seele." Ich hatte Tränen in meinen Augen und überlegte für mich: „Wo war ich vor einigen Jahren? Wahrscheinlich dort, wo ich heute nie mehr sein möchte. Wenn ich so weiter gemacht hätte, wäre ich jetzt entweder tot oder im Gefängnis."

Gott ist so gut. Er führt Sie an Orte, von denen Sie nie geträumt hätten.

Ich erkenne mehr und mehr, dass es nicht um mich geht, sondern Er einen großen Plan für mich hat. Ich liebe Dich, Jesus, und will Dir den Rest meines Lebens dienen!

ANSTECKENDER GLAUBE

Wenn Religion (mit „Religion" meine ich meist eine Form der Frömmigkeit ohne Kraft) Ihr Feuer für Jesus auslöschen will und Menschen genau das Gegenteil von dem sagen, was Sie sagen, dürfen Sie NICHT AUFHÖREN, das zu sagen, zu predigen und zu demonstrieren, was Gott Ihnen aufs Herz gelegt hat. Manchmal kann es eine Herausforderung sein, sich nicht auf die Umstände zu konzentrieren, sondern genau das zu sein und zu tun, wozu Gott uns berufen hat.

Für Gottes Wirken gibt es keine Einschränkungen! Deshalb gibt es auch keine Einschränkungen für das, was Er durch mich tun kann. Das steht fest. Ich habe mich entschieden, dieses herrliche Evangelium in Kraft zu predigen. Religion wird mich nicht davon abhalten können!

Die Welt sieht Unglauben sogar als etwas Positives an und verpackt ihn unter dem Namen „kritisches Denken". Unglauben ist keine Tugend, sondern eher ein Fluch. Traurigerweise finden wir ihn auch in Teilen der Gemeinde. Wenn ich jedoch anfangen würde, mich darauf zu konzentrieren, wächst Unglauben in meinem eigenen Leben, und ich fange an, das anzuzweifeln, was Gott in der Vergangenheit bereits getan hat.

Viele Christen, die ich kenne, haben mehr Glauben an die Fähigkeiten des Teufels als an die Fähigkeiten Jesu.

Ich kann dies mit folgendem Beispiel verdeutlichen: Wenn ich erzähle, dass jemand an einem Gehirntumor gestorben ist, würde niemand sagen: „Nein, das glaube ich nicht. Ich denke, die Person lebt noch."

Auf der anderen Seite gibt es viele Zweifler, wenn Sie eine Heilung von Gehirntumor miterlebt haben und davon berichten. Es ist kein Geheimnis, warum solche Menschen selbst kaum Wunder sehen: Sie haben mehr Glauben an die zerstörerische Fähigkeit des Teufels als an die wiederherstellende Fähigkeit von Jesus.

Jesus hatte auch mit ungläubigen Gläubigen zu tun. Ein wunderbares Beispiel dafür finden wir im Johannesevangelium, nachdem Jesus einen Blinden geheilt hatte.

Nun glaubten die Juden nicht von ihm, dass er blind gewesen und sehend geworden war, bis sie die Eltern des Sehendgewordenen gerufen hatten. (Johannes 9,18)

Das Problem ist, dass Unglauben, genauso wie echter Glaube, ansteckend ist. Ich war einmal in Deutschland und von dort auf dem Weg zu einer Evangelisation in Äthiopien. Die Christen fragten mich, was ich mit Jesus erlebt habe. In einem bestimmten Fall erzählte ich einer Frau von außergewöhnlichen Wundern und ich hatte das Gefühl, dass sie gar nicht so recht an Wunder glaubte. Am Ende fing ich an, mir Sorgen zu machen, was sie wohl von mir denken könnte. Ich wurde deshalb sehr hart mit mir selbst. Unglauben ist ansteckend. Ich habe gemerkt, dass ich aufpassen muss, mit wem ich Zeit verbringe. Der Verstand versucht, sich manchmal einzumischen, deshalb müssen wir sehr darauf bedacht sein, wie wir denken.

Was ist wichtiger: Glauben oder Verhalten? Zunächst möchte ich sagen, dass beides wichtig ist. Es beginnt irgendwie alles mit Verhalten, denn wir brauchten wegen unseres schlechten Verhaltens (Sünde) einen Retter. Verhalten war, ist und bleibt wichtig für Gott. Es gibt heutzutage einige Lehren, die absolut keinen Wert auf das Verhalten eines Christen legen und diesen Teil am liebsten ausklammern möchten. Das ist völlig gegen Gottes Wort und hat nichts mit gesunder Lehre zu tun.

Doch ich will auch anmerken: Glaube führt zum richtigen Verhalten. Sie können nicht errettet werden, ohne zuerst zu glauben. Unglauben ist die schlimmste und höchste Sünde; wir wissen das, weil jeder, der nicht an Jesus glaubt, verloren geht (Johannes 3,16-18).

So viele Christen machen sich über ihr Verhalten Gedanken, doch sie sind nie über ihr Glaubensleben besorgt. Sie fragen sich nie, ob ihr Glauben dem Vater gefällt. Das ist einseitiges Christsein, besonders wenn Sie sich das Leben von Jesus und Seinen Auftrag an die Jünger anschauen. Er lehrte sie, sich den Unmöglichkeiten des Lebens zu stellen. Sie konnten es nicht tun, ohne Ihm zuerst zu glauben! Jesus stellte auch in Lukas 18,8 eine wirklich wichtige Frage, bevor Er die Erde verließ: „ ... Doch wenn der Sohn des Menschen kommt, wird er auch den Glauben finden auf Erden?"

Glaube wächst unter anderem, wenn wir das geschriebene Wort Gottes lesen. Das Wort ist kraftvoll und bringt Licht hervor (Apostelgeschichte 17,13 und Psalm 119,105). In Lukas 24,13-32 brannte das Herz der Jünger in ihnen und ihr Glaube wuchs, als ihnen nach dem Tod Jesu auf dem Weg nach Emmaus das geschriebene Wort Gottes erläutert worden war.

Ich habe gesehen, wie Religion das Leben von Menschen kaputt gemacht hat. Religion hat eine Form der Frömmigkeit, aber keine Kraft, jemanden zu verändern. Jesus auf der anderen Seite verändert Menschen. Er will, dass wir mit Ihm ans Kreuz gehen, damit Er uns danach als neue Menschen auferwecken kann, um Seine Bestimmung hier auf Erden zu erfüllen.

IMMER KAMPFBEREIT

Wir befinden uns in einem geistlichen Kampf, ob Sie das wissen oder nicht. Der Kampf ist bereits gewonnen, aber wir müssen im Sieg bleiben. Dabei hilft uns besonders die Waffenrüstung, die in Epheser 6 beschrieben ist.

Im Übrigen, meine Brüder, seid stark in dem Herrn und in der Macht seiner Stärke. Zieht die ganze Waffenrüstung Gottes an, damit ihr standhalten könnt gegenüber den listigen Kunstgriffen des Teufels; denn unser Kampf richtet sich nicht gegen Fleisch und Blut, sondern gegen die Herrschaften, gegen die Gewalten, gegen die Weltbeherrscher der Finsternis dieser Weltzeit, gegen die geistlichen [Mächte] der Bosheit in den himmlischen [Regionen]. Deshalb ergreift die ganze Waffenrüstung Gottes, damit ihr am bösen Tag widerstehen und, nachdem ihr alles wohl ausgerichtet habt, euch behaupten könnt. So steht nun fest, eure Lenden umgürtet mit Wahrheit, und angetan mit dem Brustpanzer der Gerechtigkeit, und die Füße gestiefelt

mit der Bereitschaft [zum Zeugnis] für das Evangelium des Friedens. Vor allem aber ergreift den Schild des Glaubens, mit dem ihr alle feurigen Pfeile des Bösen auslöschen könnt, und nehmt auch den Helm des Heils und das Schwert des Geistes, welches das Wort Gottes ist, indem ihr zu jeder Zeit betet mit allem Gebet und Flehen im Geist, und wacht zu diesem Zweck in aller Ausdauer und Fürbitte für alle Heiligen, auch für mich, damit mir das Wort gegeben werde, so oft ich meinen Mund auftue, freimütig das Geheimnis des Evangeliums bekannt zu machen, für das ich ein Botschafter in Ketten bin, damit ich darin freimütig rede, wie ich reden soll. (Epheser 6,10-20)

Unser Kampf ist nicht gegen Fleisch und Blut. Deshalb haben wir eine geistliche Waffenrüstung bekommen. Wir sind Soldaten in der Armee Gottes, deshalb gab uns Paulus dieses wunderbare Bild eines römischen Soldaten.

Der Gürtel der Wahrheit ist das geschriebene Wort Gottes, ich denke jedoch, er bezieht sich auch auf einen Verstand, der nicht verblendet oder irregeleitet ist. Er beschreibt die Fähigkeit, mit einem reinen Gewissen zu leben, aufrichtig zu wandeln, ohne etwas zu verbergen. Der Teufel kann Sie nicht in die Irre führen, wenn Sie genau wissen, was das Wort Gottes über Sie sagt.

Der Brustpanzer der Gerechtigkeit heißt, die Wahrheit zu leben. Wir versuchen nicht, unsere eigene Gerechtigkeit zu bewirken; wir sind uns bewusst, dass die Gerechtigkeit Jesu in unserem Leben wirkt.

Die Stiefel des Evangeliums des Friedens befähigen uns, die Gute Nachricht in die Welt hinauszutragen. „**Der Gott des Friedens aber wird in kurzem den Satan unter euren Füßen zermalmen**" (Römer 16,20).

Mit dem Schild des Glaubens können Sie in eine strahlende Zukunft schauen. Das Wort Gottes und der Glaube sind unzertrennbar. Der Schild, den Paulus vor Augen hatte, war so groß wie eine Haustür. Dieser Schild musste von den römischen Soldaten täglich mit Öl eingerieben werden. Das Gleiche gilt für unseren Glauben; er braucht regelmäßige Salbungen des Heiligen Geistes.

Der Helm des Heils schützt unser Gedankenleben. Das Wort, das mit „Heil" übersetzt wird, stammt von dem Wort *soteria* ab und umfasst nicht nur ewiges Leben, sondern auch Befreiung, Bewahrung, Sicherheit und Errettung.[6]

Das Wort des Geistes ist das Wort Gottes. Gebrauchen Sie das Schwert des Geistes, indem Sie im Geist beten und Gottes Wort proklamieren.

„Mit allem Gebet und Flehen betet zu jeder Zeit im Geist, und wachet hierzu in allem Anhalten und Flehen für alle Heiligen" (Epheser 6,18). Beten Sie zu jeder Zeit für Ihre Geschwister im Herrn und für die Botschafter des Evangeliums.

Mit der Waffenrüstung Gottes sind wir für den Kampf gerüstet und gewinnen jede Schlacht gegen den Feind![7]

AUF SEINE STIMME HÖREN

Einer meiner Freunde fragte einmal Chris Overstreet: „Chris, du hast so eine Leidenschaft für die Dinge Gottes wie kaum ein anderer. Wie hältst du dein Feuer für Jesus am Brennen?" Seine Antwort lautete: „Ich gehorche Seiner Stimme."

Jesus legte höchsten Wert auf das, was Er den Vater tun sah. Er war dem Vater in allem gehorsam, oft auch gegen die populären Meinungen anderer. Man muss das Leben von Jesus nicht erst genau studieren, um zu erkennen, dass Popularität nicht unbedingt eine Tugend des Reiches Gottes ist.

Auf Gottes Stimme zu hören ist für das hingegebene Leben absolut notwendig. Klar haben wir alle unsere Aufs und Abs – Gott wird uns nicht aufgeben, wenn wir Ihn enttäuschen – doch es gibt einen Unterschied, ob wir Ihn gelegentlich verpassen oder Ungehorsam unser Lebensstil ist.

Im Matthäus-Evangelium können wir sehen, wie Josef ein echtes Vorbild für jemanden ist, der Gott kompromisslos gehorsam ist. Wir wissen, dass Josef nicht der biologische Vater von Jesus war, sondern der Heilige Geist. Dies war notwendig, damit Jesus nicht in der sündigen Natur geboren wird. Jesus war praktisch unsterblich, weil Er vom Samen Gottes hervorgekommen ist. Er wäre nicht gestorben, wenn Er nicht dazu bereit gewesen wäre.

Jesus sagte ganz klar:

> **Niemand nimmt es** (Sein Leben) **von mir, sondern ich lasse es von mir aus. Ich habe Vollmacht, es zu lassen, und habe Vollmacht, es wieder zu nehmen. Diesen Auftrag habe ich von meinem Vater empfangen.** (Johannes 10,18)

Die meisten würden sagen, dass Josef eine eher unscheinbare Rolle bei der Geburt Jesu gespielt habe, doch ich kann Ihnen sagen, dass er seine Bestimmung erfüllt hat. Das sollte das Ziel von jedem von uns sein: die Erfüllung unserer Bestimmung.

> **Die Geburt Jesu Christi aber geschah auf diese Weise: Als nämlich seine Mutter Maria mit Joseph verlobt war, noch ehe sie zusammengekommen waren, erwies es sich, dass sie vom Heiligen Geist schwanger geworden war. Aber Joseph, ihr Mann, der gerecht war und sie doch nicht der öffentlichen Schande preisgeben wollte, gedachte sie heimlich zu entlassen. Während er aber dies im Sinn hatte, siehe, da erschien ihm ein Engel des Herrn im Traum, der sprach: Joseph, Sohn**

Davids, scheue dich nicht, Maria, deine Frau, zu dir zu nehmen; denn was in ihr gezeugt ist, das ist vom Heiligen Geist. Sie wird aber einen Sohn gebären, und du sollst ihm den Namen Jesus geben, denn er wird sein Volk erretten von ihren Sünden. Dies alles aber ist geschehen, damit erfüllt würde, was der Herr durch den Propheten geredet hat, der spricht: »Siehe, die Jungfrau wird schwanger werden und einen Sohn gebären; und man wird ihm den Namen Immanuel geben«, das heißt übersetzt: »Gott mit uns«. Als nun Joseph vom Schlaf erwachte, handelte er so, wie es ihm der Engel des Herrn befohlen hatte, und nahm seine Frau zu sich; und er erkannte sie nicht (d. h. er schlief nicht mir ihr), bis sie ihren erstgeborenen Sohn geboren hatte; und er gab ihm den Namen Jesus. (Matthäus 1,18-25)

Joseph hörte jedes Mal auf den Engel des Herrn, ohne zu zögern.

Als sie aber weggezogen waren, siehe, da erscheint ein Engel des Herrn dem Joseph im Traum und spricht: Steh auf, nimm das Kind und seine Mutter mit dir und fliehe nach Ägypten und bleibe dort, bis ich es dir sage; denn Herodes will das Kind suchen, um es umzubringen! Da stand er auf, nahm das Kind und seine Mutter bei Nacht mit sich und entfloh nach Ägypten. Und er blieb dort bis zum Tod des Herodes, damit erfüllt würde, was der Herr durch den Propheten geredet hat, der spricht: »Aus Ägypten habe ich meinen Sohn gerufen«. (Matthäus 2,13-15)

Als aber Herodes gestorben war, siehe, da erscheint ein Engel des Herrn dem Joseph in Ägypten im Traum und spricht: Steh auf, nimm das Kind und seine Mutter zu dir und zieh in das Land Israel; denn die dem Kind nach dem Leben trachteten, sind gestorben! Da stand er auf, nahm das Kind und seine Mutter zu sich und ging in das Land Israel. Als er aber hörte, dass Archelaus anstatt seines Vaters Herodes über Judäa regierte, fürchtete er sich, dorthin zu gehen. Und auf eine Anweisung hin, die er im Traum erhielt, zog er weg in das Gebiet Galiläas. Und dort angekommen, ließ er sich in einer Stadt namens Nazareth nieder, damit erfüllt würde, was durch die Propheten gesagt ist, dass er ein Nazarener genannt werden wird. (Matthäus 2,19-23)

Joseph ist einer dieser versteckten Helden der Bibel. Meiner Meinung nach war seine Rolle nicht nur das Mittel für einen größeren Zweck; er wandelte in seiner persönlichen Bestimmung. Nicht nur das, sondern sein Gehorsam Gott gegenüber wurde auch für alle Ewigkeiten aufgeschrieben und ist Teil des Evangeliums.

Ich weiß nicht, wie es Ihnen geht, doch ich möchte eine Rolle bei den Ereignissen spielen, die das Reich Gottes formen. Welche Rolle wir spielen, legt Gott fest; unsere Aufgabe ist es, jedes Mal „Ja" zu sagen.

DAS HERZ BEWAHREN

Haben Sie sich je gefragt, warum Christen bitter oder eifersüchtig auf andere Christen werden können, warum sich Gemeinden wegen Meinungsverschiedenheiten oder eines Streits spalten oder warum in vielen christlichen Familien ständig Konflikte und Probleme herrschen? Wenn wir wirklich im Sieg leben sollen, warum leben dann so viele weit von dieser Realität entfernt? Wie kann es sein, dass im Extremfall jemand, der irgendwann in seinem Leben Jesus bekannt hat, plötzlich Ehebruch begeht, mordet oder sich selbst tötet?

Aus der Schrift erfahren wir, dass der Feind, der Teufel, umhergeht wie ein brüllender Löwe und sucht, wen er verschlingen kann (1. Petrus 5,8). Der Feind ist ziemlich clever. Der Himmel ist ein perfekter Ort, doch selbst an diesem perfekten Ort war der Teufel in der Lage, ein Drittel der Engel auf seine Seite zu ziehen, um vor ihrem Fall gegen Gott zu rebellieren.

Die oben genannten Beispiele sind einfach die Folge, wenn Menschen ihr Herz nicht bewahren. Der Feind versucht ständig, einen bösen Samen der Verwirrung, der Selbstsucht, des Anstoßes, der Wut, des Streits oder der Begierde zu säen. Was als Gedanke beginnt, pflanzt sich, wenn wir ihn nicht zurückweisen, in unseren Verstand ein und fällt mit der Zeit in unser Herz.

Judas Iskariot ist ein gutes biblisches Beispiel dafür, was passieren kann, wenn jemand Anstoß nimmt und nicht sofort und wirksam damit umgeht.

Sechs Tage vor dem Passah kam Jesus dann nach Bethanien, wo Lazarus war, der tot gewesen war und den er aus den Toten auferweckt hatte. Sie machten ihm nun dort ein Gastmahl, und Martha diente. Lazarus aber war einer von denen, die mit ihm zu Tisch saßen. Da nahm Maria ein Pfund echten, köstlichen Nardensalböls, salbte Jesus die Füße und trocknete seine Füße mit ihren Haaren; das Haus aber wurde erfüllt vom Geruch des Salböls. Da spricht Judas, Simons Sohn, der Iskariot, einer seiner Jünger, der ihn danach verriet: Warum hat man dieses Salböl nicht für 300 Denare verkauft und es den Armen gegeben? Das sagte er aber nicht, weil er sich um die Armen kümmerte, sondern weil er ein Dieb war und den Beutel hatte und trug, was eingelegt wurde. Da sprach Jesus: Lass sie! Dies hat sie für den Tag meines Begräbnisses

aufbewahrt. Denn die Armen habt ihr allezeit bei euch; mich aber habt ihr nicht allezeit. (Johannes 12,1-8)

Ich glaube, dass Judas, als er sich hier ärgerte, sein Herz weit für den Teufel geöffnet hatte. Nur ein Kapitel später lesen wir Folgendes:

Vor dem Passahfest aber, da Jesus wusste, dass seine Stunde gekommen war, aus dieser Welt zum Vater zu gehen: wie er die Seinen geliebt hatte, die in der Welt waren, so liebte er sie bis ans Ende. Und während des Mahls, als schon der Teufel dem Judas, Simons Sohn, dem Iskariot, ins Herz gegeben hatte, ihn zu verraten, ... (Johannes 13,1-2)

Der Feind kann nicht einfach so jemanden überwältigen und in Besitz nehmen. Er braucht eine offene Tür. Judas ärgerte sich so sehr über Jesus, dass ein Fenster zu seinem Herzen und zu seinen Gefühlen einen Augenblick weit offen war. Der Feind sah das und konnte aus einem Freund einen Verräter machen.

Ich denke, dass dies nicht passiert wäre, wenn Judas seine Gedanken gefangen genommen hätte. In der Praxis kann dies manchmal schwer fallen. Ich weiß, wie es ist, wenn der Feind versucht, negative Gedanken über andere in meinen Verstand zu säen, und ich muss diese Gedanken wirklich von vornherein zurückweisen. Eine Stunde später sind dieselben Gedanken wieder da, und ich muss sie wieder zurückweisen. Wir können nicht zulassen, dass unsere Herzen durch Bitterkeit oder Verärgerungen verhärtet werden. Dann wären wir gleichgültig gegenüber Gottes Dingen und in unserer Arbeit im Reich Gottes nicht sehr effektiv.

FÜR JESUS BRENNEN

Die meisten Leser dieses Buches leben wahrscheinlich in der westlichen Welt. Wir erleben nicht die Form der Verfolgung, die Christen in anderen Teilen der Welt durchmachen. Ich glaube, dass Verfolgung zeigen kann, wie fest ein Christ wirklich in Gott gegründet ist. Ich werde von denen inspiriert, die um des Evangeliums ihr Leben gelassen haben. Das sind meine Helden. Sie brennen wirklich für Jesus, und das kann man sehen.

Es ist jedoch egal, wo wir wohnen und womit wir uns auseinandersetzen müssen – wir müssen einfach sicherstellen, dass wir selbst brennen und nicht nur ab und zu vom Feuer anderer Christen oder anderer Dienste angesteckt werden oder auf der Welle einer Erweckung mitreiten, die wir gar nicht entfacht haben. Deshalb ist unsere Zeit im „Kämmerlein" so wichtig. Auch wenn Sie sich nicht nach Beten fühlen, beten Sie einfach trotzdem! So geht Ihr Feuer nie aus. Ich bin hier ganz ehrlich. Gott wirkte mächtig während meiner Zeit in der School of Ministry, und ich bin sehr dankbar für alles, was ich dort erlebt habe und wie wunderbar sich Gott in Redding bewegt. Eins, wofür ich noch dankbarer bin, ist der Rat, den mir Chris Overstreet in meinen ersten Wochen dort gegeben hatte: „Wachse nie über dein Gebet hinaus!" Diese Worte kann ich nicht vergessen. Unsere persönliche Hingabe an Gott und die Gemeinschaft mit Ihm ist der wichtigste Teil unseres Lebens und das, was einen wahren Christen ausmacht. Es ist der Schlüssel für ein langes Leben. Wir wollen auch noch in 50 Jahren sagen, dass wir immer noch für Jesus brennen!

GEMEINSCHAFT MIT FEURIGEN GESCHWISTERN

Als Gläubige sind wir Teil von dem, was Gott als den Leib Christi bezeichnet. Das heißt, Jesus ist das Haupt, und die Gemeinde ist Sein Leib. Wenn ich von „Gemeinde" spreche, meine ich alle Menschen, die von neuem geboren und deshalb eine neue Schöpfung sind. Es geht hier also nicht um eine bestimmte Denomination oder eine bestimmte Gruppe von Christen. Die Gemeinde besteht aus allen, die eine neue Schöpfung sind.

Wir wurden nicht einfach nur geschaffen, damit wir errettet werden und dann für uns selbst leben, bis wir sterben. Wir sollten Teil der Familie sein und aktiv in der Gemeinschaft leben. Einmal durchlebte ich eine schwere Zeit. Ich wusste, ich muss einfach alles zurücklassen, um zu Gott beten und Ihn suchen zu können. Mein Bruder Christoph, einer der erfolgreichsten und entschlossensten Menschen, die ich kenne, organisierte einen Mietwagen für mich, sodass ich nach Italien fahren und dort einige Tage in einem schönen Hotel verbringen konnte. Als ich wieder zurückkam, waren meine Akkus wieder vollständig aufgeladen. Dafür bin ich ihm für immer dankbar. Er half mir, als ich wirklich einen Bruder brauchte. Er ist zwar mein leiblicher Bruder, aber auch ein Bruder im Herrn. Ich habe gemerkt, dass es wichtig ist, solche Menschen in meinem Leben zu haben. Gemeinschaft mit anderen ist nicht nur wichtig, wenn man Hilfe braucht, sondern wir können auch so viel voneinander lernen. Wenn Sie für Jesus brennen und Zeit in Gemeinschaft und Gebet mit anderen verbringen, die ebenfalls für Jesus brennen, wird Ihre Flamme immer wieder neu entfacht.

GEBET

„Herr, bitte hilf mir, jeden Tag mein Leben hinzugeben. Ich schaffe es nicht allein. Ich brauche Deine Gnade, Deine Kraft und den Leib Christi. Erneuere meine Liebe für Dich jeden Tag; hilf mir, immer in dieser ersten Liebe zu bleiben. Ich möchte Dir begegnen, Herr. Lass mich Dein Angesicht sehen. Ich möchte nicht, dass mein Herz mit Verwirrung, Selbstsucht, Verletzungen und anderen Sünden erfüllt ist. Danke für Deine vollkommene Liebe. Alles, was ich bin, ist Dein. Amen."

4

DAS ÜBERNATÜRLICHE LEBEN EINES GLÄUBIGEN

Ich bin absolut überzeugt, dass jeder, der sein Erbe von Christus annimmt, diesen Jesus der Welt zeigen kann. Genau da beginnt wahre Unterordnung. Dann geht es nicht mehr um den Mann oder die Frau, sondern nur um Christus in der Person. Christus ist der Sieger! Er ist nicht tot, Er war tot. Er hängt nicht am Kreuz, Er hing am Kreuz. Er lebt, ist stark und zerstört die Werke des Feindes. Wenn ein Gläubiger wirklich seine Bestimmung erfüllen möchte, muss er sich Christus unterordnen. Danach muss er sein Erbe in Christus annehmen, das ihm gehört, weil Jesus am Kreuz auf Golgatha starb. Das würde dem Vater sehr gefallen.

Ich erkenne immer mehr, dass es in diesem Leben als Christ darum geht, in jeder Hinsicht immer mehr so zu sein, wie es Jesus uns vorgelebt hat. Es klingt vielleicht hart, doch erst wenn ein Gläubiger seinen Unglauben ablegt, der sich wie Krebs ausbreitet, kann er die Werke tun, die Jesus getan hat. Wir brauchen Glauben und müssen das Unmögliche erwarten. Christus ist in uns, und Er ist die Hoffnung der Herrlichkeit (Kolosser 1,27). Wenn Christus in mir ist, dann ist der Teufel nicht in mir. Ich kann nun aus den Unmöglichkeiten des Lebens Frucht hervorbringen. Christus hat dafür gelitten. Er wurde dafür geschlagen und verspottet. Er starb einen schrecklichen Tod, obwohl Er unschuldig war. Wir könnten Ihm wenigstens Glauben schenken. Das wäre eine angenehme, demütige Anbetung des Vaters.

Ich werde nie vergessen, wie ich die erste Person zu Jesus geführt habe. Nach einigen Wochen als Christ bekam ich die

Möglichkeit, Sozialstunden in einem Altenheim zu leisten, statt ein Bußgeld für eine Straftat zahlen zu müssen, die ich vor meiner Bekehrung begangen hatte.

Eines Tages, beim Rasenmähen, öffnete ein älterer Herr das Fenster und bat mich, zu ihm zu kommen. Nachdem ich mich zu seinem Zimmer durchgefragt hatte, fing er an, mir aus seinem Leben zu erzählen. Er war ein Dichter und als solcher auch relativ bekannt. Er sprach sehr viel, sodass ich ihn irgendwann mit den Worten unterbrach: „Ich möchte Ihnen auch gern etwas mitteilen. Jesus liebt Sie." Er zeigte auf seine Ohren und sagte mir, dass er mich nicht hören könne. Ich wiederholte mich: „Jesus liebt Sie!" Er zeigte erneut auf seine Ohren, um mir zu verdeutlichen, dass er mich nicht hören könne. Ein drittes Mal sagte ich: „Jesus liebt Sie!" Dieses Mal schrie ich ihn fast an. Er zeigte auf seine Ohren und sagte, dass er mich nicht hören könne. Dann fing er an zu weinen.

Zu diesem Zeitpunkt hatte ich schon ein starkes Verlangen, Menschen für Jesus zu gewinnen. Ich glaubte an Wunder. Ich glaubte, dass Gott Wunder tun würde, wenn ich Ihm gehorche. Bis dahin hatte ich nur noch kein Wunder durch meine Hände erlebt. Dennoch legte ich meine Hände auf seine Ohren und sprach: „In dem Namen Jesus befehle ich den Ohren, sich jetzt zu öffnen." Es war eigentlich gut, dass er mich nicht hören konnte. So konnte er wenigstens nicht Nein sagen.

Aber Spaß beiseite, ich sagte ihm noch einmal: „Jesus liebt Sie!" Dieses Mal reagierte er sofort und fragte mich: „Jesus? Jesus!?" Er konnte sofort hören, was ich ihm gesagt hatte. Dann erklärte ich ihm das Evangelium und er gab Jesus sein Herz!

Er war mein erster „Jünger", was auch immer das für mich an dieser Stelle meines Wandels mit Gott bedeutete. Ich traf mich jede Woche mit ihm, las ihm aus der Bibel vor oder unterhielt mich einfach mit ihm. Er erzählte mir seine Geschichte, die mich sehr berührte. Dieser Mann hatte in seinem Leben nicht viel Glück gehabt. Als Kind hatte er keine richtigen Eltern und wurde von den Leuten schlecht behandelt. Kurz bevor ich ihn kennenlernte, hatte er versucht, sich zu erhängen, doch er überlebte es irgendwie und der Herr rettete seine Seele! Etwa ein Jahr später starb er im Herrn.

Gott war diesem Menschen sein ganzes Leben lang nachgegangen. Er hatte ihn verfolgt, bis Er ihn in Seinen liebenden Armen aufnehmen konnte. All das Negative in seinem Leben kam nicht von Gott. Der Feind kommt, um zu stehlen, zu töten und zu zerstören, aber Jesus ist gekommen, damit wir das Leben haben und es im Überfluss haben (Johannes 10,10).

Mein Verständnis vom Evangelium wurde durch solche Erlebnisse geformt. In allen Religionen versuchen die Menschen, zu Gott zu kommen. Beim christlichen Glauben hingegen ist Gott zu den Menschen gekommen, als Er vor 2000 Jahren hier auf der Erde lebte. Er wurde Mensch. Er ertrug alles, was ein Mensch je ertragen könnte. Er erlitt alles, was ein Mensch je erleiden könnte. Jesus identifizierte sich mit denjenigen, die am Arbeitsplatz schikaniert werden. Er wurde schikaniert und verspottet, bevor Er ans Kreuz ging. Jesus identifizierte sich mit dem Kind, das an einer unheilbaren Krankheit leidet. Er nahm alle Krankheit auf sich und identifizierte sich mit der Krankheit am Kreuz. Er wurde zur Krankheit, wie Er auch zur Sünde wurde. Dieser heilige Sohn Gottes hing am Kreuz für eine sündige Menschheit. Er wurde schlimmer als der schlimmste Sünder behandelt und tat dies alles aus Liebe. Dies steht ganz im Gegensatz zu den verschiedenen menschlichen Religionen. Kein anderer Glaube bekennt, dass Gott Mensch wurde (und gleichzeitig Gott blieb) und als Mensch litt. Das Erlösungswerk musste durch einen Menschen ausgeführt werden, weil die Sünde auch durch einen Menschen in die Welt gekommen war. Jesus wurde nicht nur Mensch; Er ist heute immer noch Mensch.

Von nun an wird der Sohn des Menschen sitzen zur Rechten der Macht Gottes. (Lukas 22,69)

Er identifizierte sich als einer von uns. Wie Daniel Kolenda einmal sagte: „In Ewigkeit trägt Jesus die Narben als Ehrenabzeichen und als Ehering und zeigt uns darin Seine Liebe zu uns in alle Ewigkeit."

Als der Herr Jesus von den Toten auferstand, wollte Er als Erstes auch Petrus sehen. Er wollte Seine Arme um ihn legen. Petrus hatte Ihn verraten und verleugnet. Wenn Judas noch gelebt hätte, was hätte Jesus Ihrer Meinung nach getan?

Erlauben Sie Gott heute, Sein Herz und das wahre Evangelium in Sie hineinzulegen. Wenn wir das Herz des Herrn haben, dann haben wir das Herz der Liebe. Wenn wir das Herz der Liebe haben, können wir die Welt für Jesus gewinnen. Niemand kann derselbe bleiben, wenn er in die Augen der Liebe schaut. Die Menschen sollten Liebe sehen, wenn sie uns sehen. Wir sollten Liebe werden, weil wir in die Augen des Herrn schauen.

GÖTTLICHE HEILUNG

Ich liebe Heilungen und Wunder, weil sie ein echter Ausdruck der Liebe Gottes sind. Wissen Sie, der Unterschied zwischen unserem Gott und den anderen falschen Göttern ist der, dass unser Gott etwas tut. Die anderen tun gar nichts.

Es gibt Christen, die behaupten, dass die Zeit der Wunder vorbei sei. Diese Christen müssen wirklich erkennen, dass sie damit eigentlich sagen, dass sich Jesus im Laufe der Zeit geändert habe. Doch Er verändert sich nicht. Die Bibel sagt klar, dass Er derselbe ist gestern, heute und in Ewigkeit (Hebräer 13,8). Wenn Er damals heilte, heilt Er auch noch heute, sonst hätte Er sich geändert.

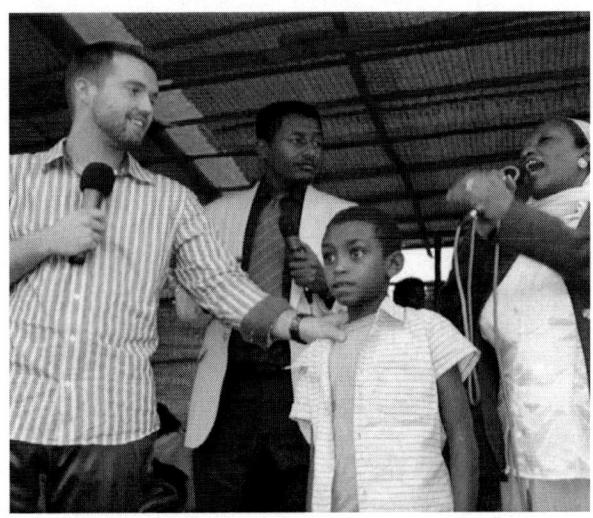

Ein Junge in Äthiopien bezeugt seine Heilung von Taubheit.

Ich habe hier nicht die Absicht, eine biblische Abhandlung über die Lehre von Heilungen und Wundern zu geben oder zu erläutern, wie man Heilung empfangen kann. Dafür gibt es andere großartige Lehrer. Ich habe es auf dem Herzen, Ihnen zu zeigen, wie einfach es ist, andere zu heilen. Wir als Gläubige müssen voll vom Wort Gottes sein und uns vom Heiligen Geist führen lassen, wenn wir anderen dienen wollen. Er nimmt das Wort, das in uns wohnt. Ich möchte Sie daran erinnern, dass Jesus zwar den vollen Preis für Heilung bezahlt hat, doch die Christen den Auftrag haben, die Menschen zu heilen (Matthäus 10,8).

Deshalb ist es unsere Verantwortung, die Salbung Gottes auf unserem Leben zu haben. Diese bekommen Sie vor allem in Ihrem stillen Kämmerlein. Wenn Sie viel Zeit mit Gott verbringen, wird die Salbung in Ihrem Leben zunehmen. Halten Sie dann draußen nach kranken Menschen Ausschau und beten Sie für sie. Ihr Glaube wird dabei immer mehr wachsen. Seien Sie ein Täter des Wortes und nicht nur ein Hörer (Jakobus 1,22).

Ich liebe das spontane Wirken Gottes. Gott findet man nicht nur in Struktur, Vorbereitung, Vision oder langfristigen Zielen. Er ist auch im Jetzt, jederzeit bereit, durch uns zu wirken.

Während meiner Zeit als Schüler der School of Ministry, leitete ich einen evangelistischen Einsatz in einem bestimmten Stadtviertel von Redding, Kalifornien. Jede Woche gingen wir von Tür zu Tür und fragten die Leute einfach, ob wir für sie beten oder ihnen von Jesus erzählen könnten. Oft wurde die Tür vor unserer Nase zugeschlagen, doch manchmal durften wir erleben, wie Menschen von Gott angerührt wurden und zu weinen anfingen. Viele wurden gerettet und geheilt. Wir ermutigten uns immer wieder gegenseitig und konzentrierten uns auf das, was Gott getan hatte, und nicht auf das, was scheinbar nicht geschah.

Ein Freund von mir und ich trafen eines Tages eine ältere Dame, die uns erzählte, dass sie an Leukämie litt. Wir beteten im Namen Jesu für ihre Heilung von Leukämie. Als sie dann einige Tage später zum Arzt ging, stellte dieser fest, dass sie vollkommen krebsfrei ist! Wir wurden sehr gute Freunde, und sie widmete Jesus ihr ganzes Leben. Ich liebe dieses Zeugnis so sehr, weil die Frau, schon als wir sie zum ersten Mal trafen, geheilt worden ist. Ich sage Ihnen: Gott liebt es, spontan zu handeln. Wir tun gut daran, wenn wir erwarten, dass Gott jederzeit durch uns wirken möchte. Stellen Sie sich vor, was an einem ganz normalen Tag in der Welt passieren würde, wenn alle Christen der Führung und Eingebung des Heiligen Geistes in ihrem Alltag folgen würden.

EVANGELISATION ALS LEBENSSTIL

... und der Weise gewinnt Seelen. (Sprüche 11,30)

„Die am besten geschulten Diener sind die, welche die meisten Seelen gewinnen." (Charles Grandison Finney)

Im Folgenden erzähle ich einige wunderbare Begegnungen aus dem wahren Leben, die ich in meinem Alltag erleben durfte. Ich habe nicht immer jedes Zeugnis aufgeschrieben, doch ich ermutige Sie, Ihre Erlebnisse festzuhalten, wenn Sie für Menschen beten und von Jesus erzählen. Niemand kann Ihnen das wegnehmen, was Sie selbst mit Gott erlebt haben. Wenn Ihr Glaube schwach wird, können Sie zu dem zurückgehen, was Sie bereits erlebt haben und sich neu inspirieren lassen.

Gebet für eine Frau im Rollstuhl in einem Freizeitpark

Ich hatte wieder einmal eine besondere Zeit, in der ich viele Stunden allein vor Gott verbrachte. Eines Morgens war ich auf dem Weg von meinem Haus zum Gebetshaus der Bethel-Gemeinde, um dort weiter zu beten. Ich benutzte das Auto eines Freundes und hielt an einer Tankstelle an, um zu tanken. Ich kann nicht ganz nachvollziehen, was dort passierte. Es hat auf jeden Fall nichts mit mir zu tun, sondern mit Jesus. Ich erzähle einfach, was sich dort ereignete, um Jesus alle Ehre zu geben. Damit möchte ich Sie auch ermutigen, zu glauben, was alles möglich ist.

Ich wollte also einfach nur tanken und danach weiterfahren. Doch als ich aus dem Auto ausstieg, kam ein Mann, den ich noch nie zuvor getroffen hatte, auf mich zu und fragte: „Sind Sie Christ?" Ich bejahte dies. Er erwiderte: „Sobald Sie aus dem Auto ausgestiegen sind, spürte ich eine „positive" Energie. Es umgibt Sie etwas Heiliges. Verstehen Sie mich bitte nicht falsch, aber ich wurde geblendet, als ich Sie sah!"

Sofort wusste ich, dass dieser Mann früher einmal Christ gewesen sein musste, aber vom Glauben abgefallen war. Der Herr gab mir Einsichten in sein Leben und zeigte mir ganz genau, was dieser Mann getan hatte, was er in der Zukunft tun wird und welche Berufung Gott für ihn hat.

Ich antwortete: „Wir können gern reden." So fuhr ich mein Auto in eine Parklücke und fing an, mit ihm zu reden. Es dauerte nicht lang, und er bekannte seine Sünden, ohne dass ich ihn dazu aufgefordert hätte. Ich predigte ihm das Evangelium und versicherte ihm, dass es nie zu spät ist, wieder zu Gott zurückzukommen. Dort auf dem Parkplatz legte ich meine Hände auf und betete für ihn. Dann bat ich ihn, Jesus mit seinen eigenen Worten in sein Herz einzuladen. Was dann geschah, kam völlig unerwartet. Er ging ein paar Schritte von mir weg und fing an, ganz aufrichtig zu beten: „Jesus, Du weißt, dass ich voller Sünde bin. Ich komme jetzt zu Dir und bitte Dich, mich zu reinigen und mir zu vergeben. Ich möchte Dich immer in meinem Leben haben. In Jesu Namen sage ich mich von jedem bösen Geist los, den ich in mein Leben reingelassen habe. Hilf mir, für Dich zu leben …"

Ich stand dort mit Tränen in den Augen. Ich spürte die Liebe Christi für diesen Mann und wir umarmten uns eine Weile. Er fragte nach meiner Telefonnummer und wollte mit mir zur Gemeinde kommen. Ehre sei Gott! Was kann alles passieren, wenn wir uns immer der Gegenwart Gottes auf unserem Leben bewusst sind?

* * * * * * *

Der Herr weiß auch, warum wir manchmal Flüge verpassen. Ich wollte von Redding, Kalifornien, nach Denver, Colorado, fliegen, um dort auf einer Konferenz zu predigen, als wieder einmal mein gewünschter Flug Verspätung hatte, sodass ich den Anschlussflug von San Francisco nach Denver verpassen würde. Ich wusste, dass ich in San Francisco mehrere Stunden Aufenthalt haben würde. Als wir in San Francisco landeten, bemerkte ich eine Frau vor mir, die eine ganze Reihe Medikamente in ihrer offenen Tasche hatte. Ich bot mich an, ihr die Tasche aus dem Flugzeug zu tragen – einfach als freundliche Geste und um ihr zu helfen. Sie nahm mein Angebot dankbar an.

Wir gingen nach draußen, wo sie auf einen Rollstuhl warten wollte. Wir setzten uns, und ich erzählte ihr von Jesus. Sie berichtete mir, dass sie kein Gefühl mehr in ihren Beinen habe und diese so brennen, als würde sie über Glasscherben laufen; deshalb wartete sie auf den Rollstuhl. In diesem Moment kam der Geist des Glaubens auf mich. Ich nahm ihre Hand und sprach: „Der Herr Jesus wird jetzt Ihre Beine heilen." Es geschah so dramatisch, dass sie sofort wieder Gefühl in ihren Beinen hatte und das Brennen verschwand. Diese Frau brauchte den Rollstuhl nicht mehr! Sie fing an zu weinen, und ich erzählte ihr weiter von Jesus. Sie berichtete mir, dass die Ärzte ihr noch 6 Monate gaben, weil die Medikamente ihre Leber zerstört hatten. Außerdem hatte sie kaputte Nerven und Diabetes. All das wiesen wir in dem Namen Jesus zurück. An dieser Stelle, fragte sie mich mit Tränen in ihren Augen: „Philipp, was soll ich tun, was soll ich tun?" Ich antwortete: „Ich weiß, was du tun musst ... Du musst jetzt errettet werden!"

Auf der Stelle gab sie ihr Leben dem Herrn Jesus. Sie fing an zu schluchzen und sagte mit den Händen vor ihrem Gesicht: „Danke, Jesus, dass du mich errettet hat." Sie sagte mir dann, sie glaube, dass ich vom Himmel gesandt wurde.

Wir verbrachten noch etwas Zeit miteinander. Sie wollte mir auch etwas zu essen kaufen, was ich jedoch freundlich ablehnte.

Ich begleitete die Frau schließlich zu ihrem Anschluss-Gate und sie wollte gar nicht mehr aufhören, mich zu drücken. Das war wirklich eine außergewöhnliche Begegnung! Ich war einfach zur richtigen Zeit am richtigen Ort. Ich glaube, dass jeder Christ in so einer Situation von Gott gebraucht werden kann.

* * * * * * * *

Ein anderes Mal war ich auf dem Weg nach Casper, Wyoming. Zusammen mit einem anderen Bibelschüler wollte ich meinen Mentor in Wyoming treffen.

Auf dem Weg zum Flughafen Sacramento spürte ich, wie der Herr mir zeigte, dass ich auf dem Flughafen einen Dämon aus einer Person austreiben solle. Ich dachte: „Wunderbar."

Nach der Ankunft am Flughafen ging ich in ein Geschäft, kaufte etwas und betete für die Kassiererin. Sie wurde sofort von den Schmerzen in ihrem Körper geheilt und fragte mich, ob ich ein Engel sei. Später fand ich diese Bemerkung sehr lustig, weil ich mir selbst sagte: „Nein, die Engel sehnen sich in Wirklichkeit danach, das zu sehen, was ich sehe" (1. Petrus 1,12).

Kurz darauf sah ich eine Frau und wusste, dass sie einen Geist der Krankheit auf ihrem Leben hatte. Ich spürte, dass dies die Frau war, für die ich beten sollte. Ich betete für sie und brach die Macht des Feindes über ihrem Leben.

Kurze Zeit später betete ich für weitere Personen. Ich habe schon oft erlebt, dass, wenn Gott anfängt zu wirken, Er die Herzen der Menschen auf übernatürliche Weise öffnet. Wenn wir den ersten Schritt im Gehorsam tun, kann dies zu weiteren Aufgaben und Gelegenheiten führen, dass Menschen mit der Liebe Gottes in Berührung kommen.

* * * * * * * *

Eines Tages, auf dem Weg ins Fitnessstudio, wurde ich Zeuge, wie sich zwei Männer vor einem McDonalds prügelten.

Der Mann, der von dem anderen angegriffen und verletzt worden war, fuhr auf seinem Fahrrad davon, während der andere ihn immer noch laut verfluchte. Gott gab mir den Auftrag, mit diesem Mann zu reden. Mein erster Gedanke war: „Okay ..." und ich war zuerst nicht gehorsam, weil ich nicht in eine Prügelei verwickelt werden wollte! Doch als ich wieder aus dem Fitnessstudio kam, war der Mann immer noch auf dem Parkplatz, und ich versuchte nun, ein Gespräch mit ihm anzufangen. Er war richtig wütend und forderte mich mehrmals auf, zu verschwinden. Irgendwie verspürte ich Gnade, nicht aufzugeben, und erzählte ihm, dass ich den Streit mitbekommen hatte. Ich redete ziemlich lange auf ihn ein, erwähnte Jesus jedoch nicht gleich. Erst als ich merkte, dass er mir etwas Vertrauen entgegenbrachte, predigte ich ihm das ganze Evangelium. Es war, als ob Gott mir die Schlüssel zu seinem Herzen gab, und er fing an, sich mehr und mehr zu öffnen. Nach ca. 30 Minuten bekannte dieser Mann alle seine Sünden und Tränen liefen über sein vorher noch so wütendes Gesicht. Das war kein oberflächliches Gebet, sondern eine echte Überführung durch den Heiligen Geist. Es war wahrscheinlich eine der aufrichtigsten Bekehrungen, die ich je erlebt habe. Danach begegnete ich dem Mann mehrmals wieder, und jedes Mal freute er sich, mich zu sehen. Manchmal sind die Situationen mit dem größten Risiko die Situationen, wo Gott wirklich mit dabei ist.

* * * * * * *

Als ich noch in Österreich arbeitete, bat der Herr mich eines Tages, mit einer Reinigungsfrau zu sprechen. Also fing ich an, ihr vom Evangelium zu erzählen. Während ich mit ihr sprach, gab mir Gott detaillierte Einsichten über ihre Kinder. Ich wusste, dass ihr Sohn Probleme mit Drogen und Alkohol hatte. Außerdem hatte sie eine Tochter, die in Wien arbeitete und die sie schon längere Zeit nicht gesehen hatte. Ich betete für die Frau, und sie gab ihr Leben Jesus. Jedes Mal, wenn ich der Frau danach bei Arbeit begegnete, stellte sie mir Fragen wie: „Spürst du Gott immer?" Sie wollte mir sogar Geld geben, aus Dankbarkeit, weil ich für sie gebetet hatte. Gott berührte ihr Leben auf sehr tiefgreifende Weise.

* * * * * * * *

Mit einem Missionsteam, das von meinem Freund Ben geleitet wurde, war ich in Zagreb, Kroatien. Schon während der Reisevorbereitung in den USA spürten wir, dass Gott etwas mit den Medien tun und Seine Kraft erweisen würde.

An einem bestimmten Tag gingen wir mit einer Gemeinde auf die Straßen, um zu evangelisieren. Ein Team ging in die Berge, um zu beten, während die anderen das Stadtzentrum stürmten. Vor Ort sahen wir viele Kameraleute, die den gerade stattfindenden Besuch des Präsidenten filmten.

Ben fing dann an vor den vielen umstehenden Leuten zu predigen: „Wir sind ein Team aus Amerika und möchten Ihnen Heilung von Krankheiten und Gebrechen anbieten, ganz für umsonst. Kommen Sie, wenn Sie Heilung brauchen." Nachdem eine Weile nichts passierte und niemand dem Aufruf gefolgt war, kamen nach und nach immer mehr Leute auf uns zu, und unser 15-köpfiges Team sowie 7 Kroaten hatten alle Hände voll zu tun, um für viele Menschen zu beten. Überall geschahen Wunder! Beine wuchsen nach, schwere Rückenschmerzen verschwanden. Auch Menschen, die an Selbstmord dachten, wurde innerhalb von Minuten befreit. Drei Menschen gaben ihr Leben Jesus. Einer davon hatte sogar einen Tag vorher gebetet: „Gott, wenn es dich wirklich gibt, schick mir bitte jemanden, der mir den Weg zeigt." Deshalb hatte er offene Ohren für das, was Liam aus unserem Team über das Evangelium erzählte.

Eine Frau, Mitte 50, mit einer unheilbaren Haut- und Muskelerkrankung kam ebenfalls zu uns. Diese Krankheit betraf all ihre Muskelfunktionen und führte zu starkem Juckreiz. Ben betete für diese Frau und die Kraft Gottes kam über sie. Sie fing an zu lachen, verlor ihre Kraft und landete sanft rücklings auf dem Boden. Das zog die Menschen um sie herum noch mehr an. Gott wirkte an ihrem ganzen Körper. Sie lag dort etwa zehn Minuten und weinte; viele der Schaulustigen baten danach auch um Gebet für sich. Als die Frau aufstand, erzählte sie, was sie erlebt hatte: „Etwas ist von mir weggegangen, meine Haut fühlt sich normal und kühl an." Ein Kameramann wurde hinzugerufen. Genau wie uns Gott in der Vorbereitung gezeigt hatte, benutzte Er die Medien zu Seiner Ehre. Die Frau berichtete gleich einem lokalen Fernsehsender, dass Jesus sie umgeworfen und geheilt habe. Sie erklärte danach, dass sie eine weltweite Selbsthilfegruppe für diese Krankheit gegründet hatte und deshalb oft im Fernsehen zu sehen war. Jetzt wollte sie allen Unterstützern ihrer Organisation mitteilen, dass Jesus auch sie heilen kann. Sie versprach außerdem, bei ihrem nächsten Fernsehauftritt Gott die Ehre zu geben und allen Zuschauern von ihrer Heilung zu berichten. Gott kann einen Menschen tief berühren, durch den wiederum viele andere berührt werden können.

* * * * * * * *

Mit einigen Freunden besuchte ich eine Konferenz in Stockton, Kalifornien. Wir erlebten eine Explosion des Heiligen Geistes und wurden wieder und wieder mit Ihm erfüllt. Vor dem zweiten Abend waren mein Freund Tom und ich in einem Spirituosengeschäft, in dem eine Erweckung ausbrach. Tom betete für einen Mann, dessen Bein nachwuchs, ich betete für eine Frau, die Arthritis in ihrer Schulter hatte und sofort geheilt wurde und ab da schmerzfrei war Als der Verkäufer das sah, kam er zu mir und fragte mich: „Ihr könnt wirklich helfen? Betet auch für mich! Meine Knöchel tun manchmal weh!" Nachdem ich für seine Knöchel gebetet hatte, rief er durch den Laden: „Ihr Leute, dieser Typ hier kann euch helfen. Kommt her, dann betet er für euch!" Die Frau mit der geheilten Schulter wollte mir Geld für mein Gebet geben, was schon sehr witzig war. Ich erklärte ihr, dass ich kein Geld annehme für etwas, was Jesus getan hat. Das Ganze geschah innerhalb von wenigen Minuten; es wurden nicht nur Menschen geheilt, sondern wir konnten ihnen auch das Evangelium bringen!

* * * * * * * *

Ich diente in Afrika, als ich an einem Nachmittag nach dem Gottesdienst meine E-Mails in einem Internet-Café checkte. In der vorherigen Veranstaltung wurden viele geheilt und errettet, doch irgendwie spürte ich, dass Gott wollte, dass ich wachsam für Sein Reden bin. Gott ist oft in den kleinen, unscheinbaren Dingen zu finden. Und so bemerkte ich, dass der Besitzer des Cafés hinkte und ich ging zu ihm. Er sprach ein bisschen Englisch und erzählte mir, dass er sich bei einem Autounfall verletzt und in einem Bein kein Gefühl mehr habe. Ich legte meine Hände auf seinen Fuß und fing an zu beten. Er reagierte schockiert und verwundert: „O, mein Gott. Das ist eine Kraft!" Ich erklärte ihm, dass dies der Herr Jesus ist und dass Er regiert. Ein anderer, der unsere Versammlungen besuchte, kam hinzu. Der Café-Besitzer erzählte ihm sofort, dass er vorher kein Gefühl mehr in seinem Bein hatte, aber nach dem Gebet das Gefühl zurückkam. Während ich auf meinen Freund, der mich wieder abholen wollte, wartete, rief der Besitzer einige seiner Freunde zusammen. Er wollte, dass ich auch für sie betete! Plötzlich war ich von einer Gruppe Menschen umgeben, die alle Gebet empfangen wollten. Ich diente ihnen und lud sie zu unserer Versammlung am nächsten Tag ein. Ich liebe es, wie Gott an diesen Menschen dort in dem kleinen Internet-Café Interesse zeigte, auch wenn ich in der Stadt auf einer großen Evangelisation predigte, auf der Tausende errettet wurden.

Gott möchte sich immer bewegen, und niemand ist von Seiner göttlichen Liebe ausgeschlossen.

... sondern ihr werdet Kraft empfangen, wenn der Heilige Geist auf euch gekommen ist, und ihr

werdet meine Zeugen sein in Jerusalem und in ganz Judäa und Samaria und bis an das Ende der Erde. (Apostelgeschichte 1,8)

Auf einer Missionsreise in Australien predigte Chris Overstreet an einem Abend, und ich empfing die Feuertaufe. Dieses Erlebnis war so stark, dass ich die ganze Nacht nicht schlafen konnte, so mächtig war die Gegenwart des Herrn im Zimmer zu spüren. Am nächsten Tag ging ich nach draußen, um das Evangelium auf den Straßen in Brisbane, Australien zu predigen; ich konnte einfach nicht anders!

In kurzer Zeit beteten zwölf Menschen mit mir, um Jesus anzunehmen. Einige fielen fast um, weil die Kraft Gottes so stark war, andere wurden geheilt – und das alles mitten auf der Straße. Einige der Neubekehrten kamen gleich danach mit in die Gemeinde. Es war so schön, sie zu sehen; einige aus unserem Team zeigten ehrlich gesagt nicht einmal halb so viel Begeisterung wie diese Neubekehrten. Sie konnten nicht aufhören, Jesus anzubeten und machten sich sogar Notizen zur Predigt!

Gott begegnet uns, damit wir diese Begegnungen mit anderen teilen können. Wir werden durch die Taufe im Heiligen Geist, von der in Apostelgeschichte 1,8 die Rede ist und die einfach eine Begegnung mit Gott ist, bevollmächtigt, ein Zeuge zu sein.

* * * * * * * *

Einmal sah ich einen Mann mit einem gebrochenen Fußgelenk an einer Tankstelle. Ich betete für ihn, jedoch wurde er nicht sofort geheilt. Dennoch erzählte ich ihm von Jesus, und dieser Mann wurde von neuem geboren. Das war auch eine große Lektion – wir sollten uns niemals entmutigen lassen – Gottes rettende Gnade ist nicht begrenzt, wenn wir nicht sofort ein Wunder sehen. Trotzdem können Sie das Wort Gottes weitergeben und es wird nicht leer zurückkehren (Jesaja 55,11).

SAMEN SÄEN

Wir werden nicht immer unmittelbare Ergebnisse sehen, aber es gibt ein sehr wichtiges Prinzip in der Bibel, das wir nicht vernachlässigen dürfen: säen und ernten.

Das Prinzip von Saat und Ernte finden wir im 1. Buch Mose.

Von nun an soll nicht aufhören Saat und Ernte, Frost und Hitze, Sommer und Winter, Tag und Nacht, solange die Erde besteht! (1. Mose 8,22)

Gott zeigt uns hier das Gesetz vom Säen und Ernten. Ich glaube, dass sich dieses Gesetz auf alles bezieht, sowohl auf das Natürliche als auch auf das Geistliche, sowohl in positiven als auch in negativen Situationen. Wenn Sie Liebe säen, ernten Sie Liebe. Wenn Sie Hass säen, ernten Sie Hass. Wenn Sie Ermutigung säen, werden Sie ermutigt. Wenn Sie Geld säen, ernten Sie finanziellen Segen. Wenn Sie Samen des Evangeliums säen, kommen Menschen früher oder später zum Glauben.

Ich besuchte mit einem Freund ein Café. Als ich das Café verließ und die Straße überqueren wollte, hielt ein Lkw mitten auf der Straße an. Ein tätowierter Mann ließ sein Fenster runter. Ich dachte zuerst, es sei etwas passiert oder ich stecke in Schwierigkeiten, aber dann sagte er einfach: „Hey du, ich will mich bei dir bedanken. Du hast vor ein paar Wochen für mich gebetet, und das hat wirklich mein Leben beeinflusst ..." Als er mir dann alles erzählt hatte, standen ihm die Tränen in den Augen. Zunächst wusste ich nicht, wie ich reagieren soll oder wer dieser Mann war. Doch es dauerte nicht lange, bis ich mich erinnerte: Ein paar Wochen zuvor war ich mit einem Freund in einem Restaurant gewesen. Bevor wir gingen, erzählte ich ein paar Leuten am Tisch von Jesus, hatte einige Worte der Prophetie, betete für die Schulter einer Frau und ging wieder. Er saß an diesem Tisch. Ich dachte erst, dass an diesem Tag nichts passiert sei, weil diese Leute kaum eine Reaktion zeigten, doch ich lag falsch.

In derselben Woche, als dieser Mann mit seinem Lkw vor mir anhielt, führte ich mehrere Menschen auf der Straße zu Jesus, doch die Begegnung mit diesem Mann überstieg alles. Seitdem habe ich mir vorgenommen, das Ergebnis nie mehr an den sichtbaren Reaktionen zu beurteilen, sondern immer nur auf die Aufgabe zu schauen und Gott zu gehorchen.

Denken Sie niemals, dass nichts passiert sei. Oft säen wir nur Samen, und das ist gut so. Einige säen, einige gießen, aber Gott gibt das Wachstum (1. Korinther 3,6). Das Wichtigste dabei ist jedoch: Es wird Wachstum geben!

ANGST ÜBERWINDEN

Wenn Sie verstehen, wie sehr Gott Sie liebt, hat Angst keine Chance mehr. Liebe VERTREIBT alle Angst (1. Johannes 4,18). Einige von Ihnen denken vielleicht: „Ich habe doch diesen Vers schon so oft gehört. Trotzdem fürchte ich mich manchmal, besonders wenn ich anderen von Jesus erzählen will." Sie müssen einfach nur die Angst als die sehen, die sie ist, als etwas, das von außen kommt. Wenn Sie an Jesus Christus glauben, hat die Angst kein Recht mehr in Ihrem Leben, und Sie müssen sich nicht durch die Angst bestimmen lassen! Sie müssen nur üben, sich nicht von Angst leiten zu lassen. Ich bin hier ganz ehrlich. Manchmal müssen wir dagegen drücken wie beim Gewichtheben: Je mehr Gewichte Sie stemmen, desto stärker werden Sie. Je mehr Sie im Glauben einen Schritt gehen und NEIN zu Angst sagen, desto mutiger werden Sie.

Soweit ich mich erinnern kann, habe ich schon immer gern Menschen beobachtet. Ich wollte wissen, wie andere bestimmte Dinge tun. Das fing damit an, dass ich als kleiner Junge versuchte, das Verhalten von Alkoholikern nachzumachen, und ging beim Bodybuilding weiter, als ich alles meinem Trainer nachahmte. Nicht dass ich kein Selbstvertrauen hatte; es war eher das Gegenteil der Fall. Ich wollte einfach wissen, warum die Menschen so sind, wie sie sind.

Vor einiger Zeit war ich bei einem Videodreh eines neu veröffentlichten Buches eines bekannten Predigers anwesend. Bevor der Mann Gottes dran war, saß ich ganz in seiner Nähe. Ich werde es nie vergessen, nicht, weil ich neben ihm saß, sondern was ich an ihm beobachtete. Er war nervös! Ich konnte das in seinem Gesicht erkennen. Er war absolut kein ängstlicher Typ, aber er musste ganz offensichtlich in dieser Situation die Angst überwinden. Wie hat er das gemacht? Er überwand seine Nervosität, indem er zur Bühne ging. Er stellte sich ganz einfach der Angst!

Jeder konnte sehen, wie dieser selbstbewusste, starke junge Mann sein Buch vorstellte. Mut bedeutet nicht unbedingt die Abwesenheit von Angst, sondern die Bereitschaft, Angst zu überwinden.

Denn Gott hat uns nicht einen Geist der Furchtsamkeit gegeben, sondern der Kraft und der Liebe und der Zucht. (2. Timotheus 1,7)

Das ist die Wahrheit. Auch wenn wir uns anders fühlen, bleibt die Wahrheit dieselbe. Warte nicht auf die perfekten Gefühle, wandle einfach in der Wahrheit und wandle im Glauben, nicht im Schauen (2. Korinther 5,7). Das heißt, dass ein Gläubiger sich auf die unsichtbaren Realitäten konzentrieren sollte statt auf die irdischen. Zum Beispiel gibt es keine Menschenfurcht im Himmel, und wir sind an himmlische Orte versetzt (Epheser 2,6). Wir sind jetzt eine neue Schöpfung; wir leben in Gottes Dimension.

Je mehr Sie im Glauben wandeln, desto mehr passen sich die Gefühle der Wahrheit an. Begehen Sie nicht den Fehler, Gott immer wieder um Mut zu bitten, wenn Er einfach nur eine Entscheidung von Ihnen erwartet. Es ist wirklich Ihre Entscheidung.

Die tragische Falle der Menschenfurcht ist, dass sich jemand nur als erfolgreich betrachtet, wenn er von anderen darin bestätigt wurde. Paulus wurde errettet, begann zu predigen und wurde anfangs von den anderen nicht akzeptiert. Trotzdem tat er weiter das, was Gott ihm aufgetragen hatte. Warum? Weil er Gott fürchtete. Er wollte Gott gefallen.

Vor nicht allzu langer Zeit sah ich an einer Tankstelle einen Mann mit einer Handverletzung. Ich wusste auch, dass er und seine Freunde Moslems waren. Eigentlich wollte ich nur schnell einen Kaffee holen, doch ich wusste, dass ich für diesen Mann beten sollte. Ich will Ihnen einfach nur zeigen, was sich in meinem Kopf abspielte: Ich dachte, ich hole einfach meinen Kaffee und fahre dann weiter. Außerdem überlegte ich, dass es nicht unbedingt sinnvoll sei, für den Mann zu beten. Doch dann wurde ich von Gottes Willen für diesen Mann überwältigt und all meine Überlegungen und Ängste waren verschwunden. Genau das ist der Punkt: Wir sind in allererster Linie Gott gehorsam, weil Er uns diese Aufgabe gab. Wenn wir nur daran denken, Ihm zu gefallen, hat die Menschenfurcht schnell keine Chance mehr. Aus unserer Beziehung mit Ihm fließt echte Liebe. Diese können wir nicht aus uns selbst heraus erzeugen.

Wir können Gott auch um Kühnheit wie um ein Geschenk bitten, weil wir wissen, dass wir Ihn um alles bitten können. In Apostelgeschichte 4 lesen wir, dass die Jünger Gott um Kühnheit baten, als sie verfolgt wurden:

Als sie aber freigelassen waren, kamen sie zu den Ihren und verkündeten alles, was die obersten Priester

und die Ältesten zu ihnen gesagt hatten. Und als sie es hörten, erhoben sie einmütig ihre Stimme zu Gott und sprachen: Herr, du bist der Gott, der den Himmel und die Erde und das Meer gemacht hat und alles, was darinnen ist. Du hast durch den Mund deines Knechtes David gesagt: »Warum toben die Heiden und ersinnen die Völker Nichtiges? Die Könige der Erde lehnen sich auf, und die Fürsten versammeln sich miteinander gegen den Herrn und gegen seinen Gesalbten.« Ja, wahrhaftig, gegen deinen heiligen Knecht Jesus, den du gesalbt hast, haben sich Herodes und Pontius Pilatus versammelt zusammen mit den Heiden und dem Volk Israel, um zu tun, was deine Hand und dein Ratschluss zuvor bestimmt hatte, dass es geschehen sollte. Und jetzt, Herr, sieh ihre Drohungen an und verleihe deinen Knechten, dein Wort mit aller Freimütigkeit zu reden, indem du deine Hand ausstreckst zur Heilung, und dass Zeichen und Wunder geschehen durch den Namen deines heiligen Knechtes Jesus! Und als sie gebetet hatten, erbebte die Stätte, wo sie versammelt waren, und sie wurden alle mit Heiligem Geist erfüllt und redeten das Wort Gottes mit Freimütigkeit. (Apostelgeschichte 4,23-31)

Gott gibt uns Kühnheit, aber Er hat kein Interesse daran, unsere Ängste zu hegen und zu pflegen. Der Heilige Geist ist unser Tröster (Johannes 14,26). Er tröstet uns in unangenehmen Situationen und schenkt uns Kühnheit zu rechter Zeit; wenn wir nach alldem noch mehr Kühnheit brauchen, gibt sie uns Gott. Wenn Sie in Kühnheit wachsen wollen, tun Sie Folgendes: Bitten Sie zuerst Gott um Kühnheit und empfangen Sie sie im Glauben. Tun Sie dann das, wovor Sie Angst hatten, bis Zuversicht Ihre neue Realität wird.

NICHT BELEIDIGT SEIN

Als er aber am Passahfest in Jerusalem war, glaubten viele an seinen Namen, weil sie seine Zeichen sahen, die er tat. Jesus selbst aber vertraute sich ihnen nicht an, weil er alle kannte, und weil er es nicht nötig hatte, dass jemand von dem Menschen Zeugnis gab; denn er wusste selbst, was im Menschen war. (Johannes 2,23-25)

Jesus hatte eine gesunde Einstellung. Er erwartete nicht zu viel von den Menschen, weil Er wusste, dass Er schnell enttäuscht werden kann. Er ging mit der Zuversicht durchs Leben, dass Seine Erwartungen allein von Seinem guten Vater im Himmel erfüllt werden. Genauso sollten wir nicht zu hohe Erwartungen in Menschen setzen, die wir selbst nicht erfüllen könnten. Wir sollten gar nichts erwarten. Dann bleiben wir in einem Zustand der Gnade und erkennen, dass wir aus Gnade etwas für jemanden tun, und nicht, weil diese Person es in unseren Augen verdient hat.

Eines Tages war ich mit einem Freund in einem Einkaufszentrum und sah eine Frau mit einem Gips um ihren Arm. Ich ging auf sie zu und sprach sie höflich an: „Entschuldigen Sie, darf ich Sie fragen, was mit Ihrem Arm passiert ist?" Sie reagierte verärgert: „Gehen Sie weg." Ich antwortete: „Wissen Sie, ich bin Christ und bete gern für Menschen. Darf ich auch für Sie beten?" Sie war immer noch verärgert und verneinte. Also segnete ich sie und ging weg.

Danach zeigte mir der Herr, dass ich nichts falsch gemacht hatte, und sprach zu mir über die Schriftstelle, die ich vorhin erwähnte.

Ich bin so froh, dass Er mich ermutigt hat, denn sonst hätte ich mir wahrscheinlich Vorwürfe gemacht, dachte ich doch, dass es ein Fehler sei, diese Frau anzusprechen.

Doch jetzt erkenne ich, dass ich nichts falsch gemacht habe. Ich bin lediglich einer Person begegnet, die mich nicht annehmen wollte. Das ist völlig in Ordnung, denn der Heilige Geist wird ihr weiter nachgehen, bis sie Jesus begegnet und in den Armen des Vaters Ruhe findet. Das Problem war ihr verhärtetes Herz, doch ich vertraue Gott, dass Er es zum Schmelzen bringen und es für Jesus einnehmen kann.

Jesus wusste, was im Menschen war. Er erwartete nicht zu viel, weil Er wusste, dass sie böse waren. Warum erwarten wir dann, dass die Menschen unsere Liebe für sie erwidern? Das wäre doch Liebe mit Bedingungen. Jesus wäre auf Golgatha gestorben, auch wenn keiner Ihn angenommen hätte – das ist bedingungslose Liebe. Das ist die Liebe des Vaters. Wenn wir abgelehnt werden, dürfen wir nicht verletzt oder verärgert reagieren. Das muss die Gemeinde vorleben, eine Liebe, die nicht so leicht beleidigt ist.

DIE AUTORITÄT DES HIMMELS

Und Jesus trat herzu, redete mit ihnen und sprach: Mir ist gegeben alle Macht (oder Vollmacht) im Himmel und auf Erden. (Matthäus 28,18)

Mir gefällt es, wenn das Wort „Macht" mit „Vollmacht" oder „Autorität" übersetzt wird. Autorität zu haben, heißt, Macht zu haben. Wenn ich Autorität über den Feind habe, heißt das, dass ich Macht über ihn habe. Der Vater übergab alle Autorität an Jesus, weil Jesus Seine Aufgabe – das Erlösungswerk – erfüllte. Demzufolge hat jeder Nachfolger Jesu ebenfalls Autorität.

Eine Zeit lang ließ mich der Teufel mehrere Nächte hintereinander nicht schlafen. Man würde wohl „Schlaflosigkeit" dazu sagen. Ich dachte bei mir: „Das kann ich nicht haben, weil ich die Gerechtigkeit Gottes in Christus bin." Ich wies den Teufel zurück, und er musste gehorchen. Ich wusste, er musste gehen, weil ich früh am Morgen aufstand, nachdem ich wieder nicht geschlafen hatte, um Gemeinschaft mit dem Herrn zu haben. Ich gebe meine Zeit mit Gott nicht auf oder schlafe länger und lass mich gehen, nur weil der Teufel mich nicht schlafen ließ. Was war das Ergebnis? Mir ging es den ganzen Tag gut, und ich war nicht einmal müde. Ich habe herausgefunden, dass es mir körperlich gut geht, wenn es mir geistlich gut geht. Wir leben nicht nur vom Natürlichen allein, sondern von jedem Wort, das aus dem Mund Gottes hervorgeht (Matthäus 4,4).

* * * * * * * *

Zweimal wurde ich nach der Rückkehr von einer Evangelisation in Afrika vom Feind mit Krankheit angegriffen. Der Teufel flüsterte mir in dem einen Fall ins Ohr, dass ich Malaria haben könnte. Was für ein Lügner! Dieses falsche und verfluchte Wesen! Mein ganzer Körper fühlte sich taub an, ich hatte schreckliche Kopfschmerzen, meine Augen brannten und ich konnte mich kaum auf den Füßen halten. Ich wusste nicht, was mit mir los war, aber eins war sicher: Ich konnte das nicht annehmen, weil ich nur paar Minuten zuvor Zeit mit dem Herrn verbracht hatte. Wie kann ich diese Symptome spüren, wenn ich gerade vor dem Thron Gottes stand? Ich möchte daraus jetzt keine Lehre machen, aber manchmal müssen wir den Teufel einfach als das bezeichnen, was er ist: ein Lügner!

Ich wusste, ich konnte jetzt nicht krank sein. Krankheit kann in der Gegenwart Gottes nicht bestehen.

Es wären weniger Christen krank, wenn sie sich einfach weigern würden, krank zu sein. Ich weigere mich, krank zu sein, genauso wie ich mich weigere zu sündigen oder Angst zu haben.

Einige liebe Freunde brachten mir etwas Wasser, weil ich durstig war.

Ich widerstand diesen Dämonen, und sie mussten gehorchen.

Es kamen zehn Dämonen in mein Zimmer, und der Herr gab mir die Anweisung, jeden einzeln zurückzuweisen, nicht alle auf einmal. Als ich wusste, dass die Dämonen verschwunden waren, bat ich die Engel, mich zu beschützen, weil ich wirklich müde war und schlafen wollte. Ich wollte nicht, dass die Dämonen mich angreifen, wenn ich meine Autorität nicht ausüben konnte. Mir wurde geraten, ins Krankenhaus zu gehen. Ich wollte aber nicht ins Krankenhaus gehen, weil es sich in diesem Fall so angefühlt hätte, als würde ich mich den Plänen des Feindes beugen. Noch am gleichen Abend stand ich von meinem Bett auf und war völlig geheilt.

In den Situationen, in denen wir die Salbung Gottes spüren können, fällt es viel leichter, im Übernatürlichen zu wandeln. Doch wenn wir sie gerade nicht spüren, müssen wir im Glauben handeln und unsere Autorität einsetzen. Ich habe diese beiden Erlebnisse erzählt, weil ich in diesen Situationen nicht auf den Durchbruch eines anderen vertrauen konnte. Ich musste Glauben haben, und Gottes Gnade war ausreichend.

Bill Johnson sagt: „Autorität bedeutet, eine Welle auszulösen." Das heißt, dass wir handeln und ein Ergebnis unseres Handelns erwarten. Mit anderen Worten, wir setzen unseren Glauben ein und sind dem Wort Gottes gehorsam.

Bevor ich meinen geistlichen Vater zum ersten Mal zu einer Evangelisation in Afrika begleitete, hatte ich noch nicht vor einer größeren Menge gesprochen. Ich dachte, dass ich ihn einfach nur unterstützen und helfen würde, ohne groß zu predigen oder für die Menschen zu beten. Doch schon am ersten Abend bat er mich, nach seiner Predigt für die Kranken zu beten. Ich war damit einverstanden, aber doch ziemlich aufgeregt. An diesem Abend waren viele Kranke da. Nach einem starken Aufruf zur Bekehrung überreichte er mir das Mikrofon, und ich predigte einige Minuten über Heilung, als sie plötzlich eine völlig stumme Frau nach vorn brachten. Ich legte das Mikrofon zur Seite, ging zu ihr und trieb den stummen Geist aus ihr aus. Sie fiel zu Boden. Ich kniete mich daneben und sagte: „Sag Jesus, sag Jesus, sag Jesus!" Bald sprach sie mir mit einem Lächeln auf ihrem Gesicht nach: „Jesus, Jesus, Jesus!" Ich nahm sie mit auf die Bühne und sie gab ihr Zeugnis. Danach gab es eine regelrechte Explosion an Wundern. Es fühlte sich genauso an, wie es Bill Johnson beschrieb: Eine Welle wurde ausgelöst.

Das Wichtige dabei ist, dass alles immer wieder zu Gott zurückgeführt werden kann und sollte. Er ist es, der uns die Autorität gegeben hat. Wir setzen sie einfach ein. Das nimmt den Druck von uns und wir können frei sein, das zu tun, was Gott von uns möchte.

Gott will, dass wir uns der übernatürlichen Autorität bewusst sind, die Er uns gegeben hat. Es ist ein wichtiges Werkzeug, nicht nur um den großen Missionsbefehl auszuführen, sondern auch in unserem täglichen Leben.

DÄMONEN AUSTREIBEN

Ich war mit einigen Freunden in einer für Verbrechen und Drogen bekannten Gegend unterwegs, um Zeugnis zu geben. Wir kamen zum Haus einer Frau und erzählten ihr von Jesus. Ganz plötzlich schaute ich sie an und bekam ein Wort der Erkenntnis[8], dass sie Kopfschmerzen habe. Als ich sie danach fragte, antwortete sie mir: „Ja, das geht schon seit Wochen so, und die Kopfschmerzen machen mich richtig fertig." Nur eine Sekunde später entdeckte ich all die Traumfänger an ihrer Wand. Ich weiß zwar nicht genau, warum sich manche Leute Traumfänger hinhängen, aber ich weiß, dass Jesus sie nicht benutzte. Mir war so, als ob diese Traumfänger mit ihren Kopfschmerzen zu tun hätten.

Meine Freunde und ich befahlen den dämonischen Geistern zu gehen. Dann nahmen wir die Traumfänger, zerstörten und entsorgten sie. Ein paar Tage später trafen wir die Frau wieder; sie war völlig geheilt und hatte seitdem keine Probleme mehr mit Kopfschmerzen.

In Markus 6,7 sandte Jesus Seine Jünger zu zweit aus und gab ihnen Autorität über böse Geister. Für mich ist es sehr effektiv, zu zweit zu evangelisieren, sodass ich, wenn ich Christen lehre und anleite, dies ähnlich handhabe. Wenn in einer Situation ein böser Geist ausgetrieben werden muss, empfehle ich sehr, diese Person auch zu Jesus zu führen, da sonst der Dämon schnell wieder zurückkommen kann.

VERLORENE MENSCHEN GIBT ES ÜBERALL

Vor einiger Zeit erhielt ich eine Betrugs-E-Mail, wie fast jeder von uns bestimmt schon einmal bekommen hat. In der E-Mail stand, dass ich einige hunderttausend Dollar von einer christlichen Frau bekommen könnte, die bald an Krebs stirbt. Weil ich so ein „großer Diener Gottes" und „guter Christ" bin, wollte sie mir das ganze Geld übertragen. Ich wusste, dass dies nicht stimmte, doch der Heilige Geist gab mir die Anweisung, auf die E-Mail zu antworten. So schrieb ich zurück: „Ich habe Sie ertappt. Sie zerstören mit Ihrem Handeln das Leben von Menschen, und ich bitte Sie umzukehren, da Sie sonst ewige Konsequenzen erleiden müssen. Gott liebt Sie so sehr und sandte Jesus, um die Strafe für Ihre Taten zu tragen. Kommen Sie zu Ihm und hören Sie auf mit dem, was Sie tun." Ich wusste nicht, was passieren würde, aber zu meiner Überraschung erhielt ich von diesem Mann eine Antwort! Er bereute seine Taten und klang sehr gebrochen. Er schrieb, dass ihn meine E-Mail berührt hatte; er hatte so etwas nicht erwartet und auch noch nie erlebt. Um es kurz zu fassen: Er gab sein Leben Jesus, und wir sind bis heute über Skype in Kontakt. Er ist jetzt ein aufrichtiger Christ!

Es stellte sich heraus, dass er ein Afrikaner ist und von Menschen aus der westlichen Welt angeheuert wurde, um diese E-Mails für ein wenig Geld zu verschicken. Deshalb ging er immer in ein naheliegendes Internetcafé und schrieb

E-Mails an Menschen auf der ganzen Welt. Sie fragen nach den Bankdaten, um ihnen, wie sie behaupten, viel Geld zu überweisen. In Wirklichkeit aber wollen sie einfach nur Geld stehlen.

Nachdem ich ihn aufforderte, sofort damit aufzuhören und nie wieder zu dieser Art von Arbeit zurückzukehren, gründete er ein Schuhgeschäft. Er ist jetzt ein ernsthafter Christ und besucht regelmäßig eine Gemeinde.

Verlorene Menschen gibt es überall. Es ist Zeit, Menschen mit „Evangelium-Spams" zu überfluten. Natürlich meine ich das nicht wörtlich, weil ich nicht immer so vorgehen würde. In dieser Situation hörte ich jedoch klar die Stimme des Herrn. Allzu oft sind wir so damit beschäftigt, wie wir die Menschen irgendwann in der Zukunft mit dem Evangelium erreichen wollen, obwohl die Verlorenen direkt vor uns sind. Wir treffen sie täglich. Es ist Zeit, dass wir angetrieben von der Liebe und dem Erbarmen des Herrn auf die Menschen zugehen, nicht mit religiösen Formeln, sondern mit der Liebe und Kraft Gottes. Es ist Zeit, dass diejenigen, die den Namen des Herrn Jesus tragen, dafür bekannt werden, dass sie Sein großes Herz haben; dieses absolut furchtlose Herz der Liebe, das den Kontakt mit kaputten Sündern sucht.

* * * * * * * *

Jesus erklärte in Johannes 14,12, dass die Gläubigen dieselben Werke tun werden wie Er und sogar noch größere, weil Er zum Vater geht. In meinen Augen sind die „größeren Werke", wenn wir Menschen zu Jesus führen. Jesus musste sterben und wiederauferstehen, damit Menschen von neuem geboren werden konnten; deshalb konnte Er während Seiner Zeit auf Erden nicht erleben, wie Menschen wiedergeboren werden. Seine Wunder waren äußerlich, Er heilte, speiste, tröstete – aber die Menschen wurden nicht gerecht gemacht. Die Menschen wurden von Gott berührt, aber nicht mit Ihm vereint. Die größeren Werke verändern einen Menschen für immer in seinem Inneren, in seinem Herzen und seinem Geist. Die Kinder des Teufels können nun Kinder Gottes werden. Darum geht es im Neuen Bund – um die innere Veränderung des Menschen.

GOTT SUCHT NACH EINER PERSON

In Apostelgeschichte 8 lesen wir, wie Philippus nach der großen Erweckung in Samaria vom Engel des Herrn zu einem bestimmten Mann, dem äthiopischen Kämmerer, gesandt wurde. Philippus erklärte ihm das Evangelium, der Mann bekehrte sich und wurde getauft.

Der Überlieferung nach kehrte dieser neu getaufte Mann in sein Heimatland Äthiopien zurück und wurde dort ein Missionar für Christus. Durch seinen Einfluss entstand die erste christliche Gemeinschaft in Äthiopien. Der Geist wirkte so mächtig in dieser Gemeinde, dass sie (nachdem es einige Jahrhunderte ruhig um sie geworden war) im vierten Jahrhundert erweckt und zur offiziellen Religion des Landes gemacht wurde. Diese hielt ganze 1644 Jahre an – bis zum Sturz des Kaisers Haile Selassie im Jahr 1974.[9]

Ich bin überzeugt, dass Gott bestimmte, vielleicht einflussreiche Personen mit dem Evangelium erreichen will, damit ganze Nationen erschüttert werden.

Der berühmte Heilungsevangelist R. W. Schambach wurde als Jugendlicher auf der Straße von neuem geboren, als der Evangelist C. M. Ward dazu aufrief, Jesus Christus anzunehmen. Tausende wurden durch den Dienst von Schambach verändert, und alles fing damit an, dass ein Mann auf der Straße von Jesus erzählte. C. M. Ward dachte vielleicht nie, dass so etwas passieren könnte. Wenn ich solche Geschichten höre, wird mein Glaube stark. Wer weiß, was passiert, wenn wir eine Person mit dem Evangelium erreichen!

WAS IST EIN ZEUGE?

Ein Christ ist ein Nachfolger von Christus, dem Gesalbten. Er folgt Christus, das heißt, er hat Ihn gesehen. Wir haben etwas gesehen und können es bezeugen. Ein Zeuge ist jemand, der aus erster Hand berichten kann, was er gesehen, gehört oder miterlebt hat.

Ich formuliere es auf diese Weise: Ein Zeuge ist etwas, was Sie sind, und nicht nur, was Sie tun. Evangelisation kann etwas sein, das Sie nur tun; aber ein Zeuge ist etwas, das Sie sind, weil ein wahrer Zeuge Christus, den Gesalbten, „gesehen" hat und deshalb ein wahrer Nachfolger Christi ist.

Ein Zeuge zeigt in seinem Charakter, seiner Kraft und seinen Worten, wer Jesus ist. Das ist ein wahrer Jünger.

Stellen Sie sich Folgendes vor: Wenn Sie jemandem das Evangelium weitergeben, öffnen Sie damit eine Tür und hinter dieser Tür sehen Sie das Herz Gottes für diesen Menschen. Sie reden mit der nächsten Person und öffnen wieder eine Tür und sehen, wie Gott diesem Menschen nachgeht. Das Herz Gottes wird in Sie hineingelegt. Wissen Sie, wenn Sie nur von einer Kanzel predigen, sehen Sie nicht die Geschichten der Menschen. Wenn Sie jedoch ein Zeuge sind, sehen Sie die Geschichten der Menschen und erleben, wie Gott ihnen nachgeht. Dadurch lernen Sie das Herz Gottes kennen.

Gott geht jedem Menschen einzeln nach.

Ein Zeuge muss das Herz Gottes für die Menschen haben. Jesus wäre für einen einzigen Menschen gestorben.

ES GEHT NUR UM LIEBE

Ein bekannter Pastor aus Südafrika, der Gott auf wunderbarste Weise erlebte und sogar Tote auferweckte, sagte einmal zu meinem Mentor Chris Overstreet: „Wir sind nicht von den Wundern beeindruckt, die ihr erlebt. Wir erleben sie auch bei uns. Aber wir sind von der Liebe beeindruckt, die ihr füreinander im Team habt."

Daran wird jedermann erkennen, dass ihr meine Jünger seid, wenn ihr Liebe untereinander habt. (Johannes 13,35)

Wenn wir die Liebe Gottes empfangen, erwidern wir Seine Liebe. Wir lieben den Herrn und unsere Geschwister im Herrn und wir lieben die Verlorenen. Das Maß unserer Liebe ist das Maß unseres Werts für die Welt. Ein Christ ist außerhalb der Liebe ein Versager. Liebe ist Gott in Aktion. Es gibt keine Liebe ohne Handlung. Gott liebte die Welt so sehr, dass Er Seinen eingeborenen Sohn gab. Gott liebte so sehr, dass Er handelte. Jesus liebte so sehr, dass Er handelte.

Unser Wandel in Liebe hat viel damit zu tun, dass unser Verstand vom Wort Gottes geleitet wird. In meinem eigenen Leben habe ich die Liebe in Aktion gesehen, wenn jemand etwas aus Unsicherheit, Neid oder Furcht heraus sagt, mich kritisiert, verurteilt oder sogar beleidigt. Wenn ich voll mit dem bin, was Gott sagt, habe ich noch nicht einmal die Zeit, mich mit diesen negativen Worten zu beschäftigen. Doch wenn ich nicht ausreichend Zeit in der Schrift verbringe, versuchen sich diese Worte in mir festzusetzen. Das ist keine religiöse Formel, doch Gott hat uns einfache Werkzeuge gegeben, die uns helfen, das zu sein, was Er für uns geplant hat. Der Mensch lebt nicht vom Brot allein, sondern von jedem Wort, das aus dem Mund Gottes hervorgeht (Matthäus 4,4). Das Wort und der Geist; sie sind wirklich das, was wir zum Leben brauchen und was uns BEFÄHIGT, ein Gläubiger zu sein, der genauso liebt wie Jesus.

Seitdem ich ein Christ geworden bin, kam noch nie ein

Fremder zu mir, um mir von Jesus zu erzählen. Ich frage mich manchmal, was passiert wäre, wenn jemand vor meiner Bekehrung zu mir gekommen wäre.

Richten Sie Ihren Fokus weiter auf die Liebe Gottes für alle Menschen. Dann werden die Menschen sehen, dass Sie sich wirklich um sie kümmern. Gottes vollkommene Liebe hilft Ihnen auch, ohne Furcht auf Menschen zuzugehen, und zeigt Ihnen, wie einfach und schön das sein kann.

Seitdem ich Christ bin, ist es normal für mich geworden, das Evangelium auf der Straße zu verkünden und für die Kranken zu beten. Es ist ein großes Vorrecht, den Missionsbefehl Jesu so einfach und praktisch auszuführen. Viele Menschen haben den Wunsch und das Ziel, eines Tages zu predigen, und denken nur daran, auf der Bühne hinter einer Kanzel zu stehen. Leider erkennen sie nicht, dass das Predigen des Evangeliums nicht unbedingt etwas ist, was man irgendwann tut, wenn man älter ist, sondern das Evangelium sollte etwas sein, das wir alle mehr und mehr leben, weil wir eine lebendige Beziehung mit Christus haben. Jeder ist berufen, ein Zeuge zu sein. Natürlich kann dies für jeden anders aussehen, und nicht jeder ist berufen, die Massen zu erreichen. Doch der Kern bleibt derselbe: Menschen sind verloren und brauchen Jesus.

GEBET

Ich bete jetzt für Sie, dass Sie von Gott erfüllt werden. Ich bete, dass sich die Salbung beim Lesen dieser Zeilen auf Sie überträgt und Ihre geistlichen Augen geöffnet werden, um zu erkennen, was mit dem Herrn möglich ist, und dass eine übernatürliche Aktivierung in Ihrem Geist geschieht, um ein Zeuge für Jesus zu sein.

Beten Sie jetzt folgendes Gebet für sich:

„Herr, ich bitte Dich, dass Du mir Gnade schenkst, ein effektiver Zeuge hier auf Erden zu sein. Gib mir Dein Herz für die verlorenen Seelen. Gib mir Deine übernatürliche Liebe, die jede Furcht und jedes Hindernis überwindet und die Menschen berührt. Ich bitte Dich, dass Deine Gegenwart und Kraft in meinem Leben zunehmen. Schenk mir Kühnheit, damit ich Dir gehorsam sein kann. Zeig mir, wie einfach und schön es ist, Dich wirken zu sehen. In Jesu Namen, Amen."

PROKLAMATION

„Ich bin das, was Er über mich sagt. Ich kann das tun, was Er sagt, dass ich tun kann. Ich bin ein furchtloses Kind Gottes. Ich kann jederzeit kühn zum Thron der Gnade gehen. Gott sagt, dass ich in dem Namen Seines Sohnes Jesus Autorität über alle Macht des Feindes habe, und Er kann nicht lügen. Ich weiß, dass das, was Er sagt, die Wahrheit ist. Ich nehme meinen Platz ohne Furcht ein. Ich bin berufen, ein effektiver Zeuge zu sein. Jesus wird durch mein Leben verherrlicht, und Menschen werden gerettet, geheilt und freigesetzt. Amen."

FRAGEN ZUM NACHDENKEN

1.   Haben Sie sich als Zeuge gesehen, bevor Sie dieses Kapitel gelesen haben? Wie viel hat die Liebe Gottes für Sie und Ihr eigenes Zeugnis damit zu tun, ein Zeuge zu sein? Schreiben Sie Ihre eigene Geschichte auf, danken Sie Ihm auch für die kleinsten Bewahrungen, Segnungen oder Durchbrüche, die Sie aufgrund Ihrer Beziehung mit Gott erlebt haben. Nehmen Sie sich dafür ausreichend Zeit.

2.   Wie können Sie das Gelernte in Ihrem Leben umsetzen? Erstellen Sie doch einen Plan dazu. Wenn Sie Angst haben, hinauszugehen und von Jesus zu erzählen, gehen Sie gegen diese Angst an. Nehmen Sie sich beispielsweise vor, jede Woche einem Menschen von Jesus zu erzählen. Vielleicht beginnen Sie so: „Hat Ihnen schon jemand gesagt, dass Jesus Sie liebt und einen Plan für Ihr Leben hat?" Sie können wachsen, wenn Sie einmal anfangen. Trainieren Sie, Gottes Stimme zu hören; suchen Sie nach Menschen, die krank sind, und versuchen Sie, sich vom Geist leiten zu lassen. Machen Sie sich keine Vorwürfe, wenn Sie mal versagen oder es falsch verstehen. Gott ist mit Ihnen, und der Heilige Geist ist der größte Lehrer und auch der größte Evangelist. Vertrauen Sie Ihm, machen Sie einen Schritt und haben Sie Freude dabei!

DEMUT UND TREUE – DIE SCHLÜSSEL FÜR ERFOLG UND WACHSTUM

DER HÖCHSTE RUF

Die Liebe des Vaters für die Menschheit ist gewaltig, auch wenn ein Großteil der Menschen völlig kaputt ist. Gott ist wirklich gut, oder? Genau das motiviert uns. Wir lieben Ihn, weil Er uns zuerst geliebt hat. Wir können andere lieben, weil wir in Seiner Liebe bleiben. Sie können diese Liebe nicht aus sich selbst heraus produzieren. Sobald Sie das versuchen, setzten Sie sich nur unter Druck und erreichen nichts. Wenn Sie in Ihm bleiben, produzieren Sie automatisch Frucht.

Ich gehe einen Schritt im Glauben, weil Gott mich dazu „einlädt". Ich denke, so kann man das gut formulieren, auch wenn ich jetzt aus meiner Perspektive rede und weiß, dass jeder anders funktioniert. Doch wenn ich einen Schritt im Glauben gehe, d. h. für die Kranken draußen bete oder das Evangelium weitergebe, nur weil ich es „muss" (obwohl es wahr ist: in einer Weise müssen wir wirklich), fühle ich mich unter Druck gesetzt, und das mag ich nicht. Ich bin gern gehorsam, weil ich weiß, dass Gott mich befähigt. Er ist unser Beistand.

Das Evangelium zu predigen, war kein Vorschlag von Jesus, sondern ein Befehl. Dennoch ist es wichtig, wie wir die Dinge sehen. Es ist ein Teil von dem, wer Sie sind. Es hilft mir zu wissen, dass dies ein Teil meiner Identität ist. Ich bin nicht berufen, nichts zu tun. Ich bin berufen, viele Menschen mit dem Evangelium zu erreichen – das ist ein Teil von dem, wer ich bin, und ich warte ganz bestimmt nicht, bis ich ein Mikrofon in der Hand halte. Da Sie zur Familie Gottes gehören, sind Sie ein Botschafter, ein Soldat in der Armee, dessen Befehlshaber Jesus Christus ist. Das bedeutet, dass Sie trainiert werden müssen, damit Sie für den Kampf bereit sind. Doch es ist ein Kampf der Liebe. Der Kampf ist bereits gewonnen. Jesu gewann ihn, als Er ausrief „Es ist vollbracht", und es war vollbracht. Ein Kind Gottes, das in der Liebe lebt, schaut zu Gott und sagt: „Danke, Vater, dass der Kampf gewonnen ist. Jetzt will ich anderen davon erzählen." Er lädt Sie dazu ein. Es ist ein Privileg, das Evangelium zu predigen. Wir rennen voller Freude zu den Menschen in der Welt, um ihnen mitzuteilen, was mit uns passiert ist. Das ist wirklich ein Vorrecht.

Es klingt vielleicht extrem oder zu einfach, doch unser Vater ist wirklich alles, was wir brauchen. Warum würde ich einem anderen erlauben, mir vorzuschreiben, wie ich lebe und was ich tun soll. Nicht, dass die anderen mir egal wären, doch ich lasse mich nicht von ihnen kontrollieren. Auch lasse ich mich nicht von der Meinung anderer in meinem Tun beeinflussen. Wahre Freude kommt, wenn wir für den Herrn leben. Liebe fügt niemandem Schaden zu, aber sie verachtet auch niemals den Herrn Jesus. Wenn wir Menschen mehr lieben als Jesus, werden wir humanistisch. In dem Augenblick, in dem wir Jesus nicht ehren, gehen wir aus der Liebe heraus. Wir brauchen wirklich mehr Botschaften darüber, wie Liebe für Jesus aussieht. Ich beschäftige mich damit, was es heißt, für Jesus zu leben, denn Er ist es, für den ich lebe. Dabei geschieht etwas Unglaubliches: Plötzlich hört man die Stimmen nicht mehr. Man hört nicht mehr, warum man nicht hinausgehen oder Gott in einer unmöglichen Situation nicht vertrauen sollte. Die Stimmen werden durch die Stimme Gottes ersetzt. Das ist der Ort der Liebe.

Darum lassen wir uns nicht entmutigen, weil wir diesen Dienst haben gemäß der Barmherzigkeit, die wir empfangen haben (2. Korinther 4,1).

Lassen Sie Ihren himmlischen Vater die wichtigste Person in Ihrem Leben sein.

Gott möchte, dass wir wissen, dass wir alles haben, wenn wir Ihn haben. Das heißt nicht, dass wir die anderen nicht brauchen, doch wir neigen dazu, das zu werden, was wir nach der Meinung der wichtigsten Person in unserem Leben werden sollen. Deshalb ist es wichtig, dass wir uns in unserem Denken vor allem mit dem beschäftigen, was Gott sagt, denkt usw.

Viele versuchen verzweifelt herauszufinden, wer sie sind. Das Evangelium ist kein Mittel, um sich seiner selbst bewusster zu werden. Im Gegenteil: Sie hören auf, sich selbst zu suchen, wenn Sie erkennen, dass Sie in Ihm sind. Es geht nicht um Selbstfindung, sondern darum, sich bewusst zu sein, wer Er ist, und von dieser Realität eingenommen zu sein. Vor meiner Bekehrung hatte ich nicht die beste Beziehung zu meinem irdischen Vater. Ehrlich gesagt, sie war schrecklich. Doch einige christliche Leiter reden wie Psychiater, anstatt die Menschen Gott zu übergeben. Ich musste nicht einen fünfjährigen Prozess durchlaufen, um meine Probleme mit meinem Vater zu klären.

Alles, was wir brauchten, waren viele Tränen, viel Zerbrochenheit und Vergebung auf beiden Seiten – und Gott schenkte die Heilung. Jetzt sind die Probleme überwunden und mein Vater und ich haben eine wunderbare Beziehung. Was ist jedoch mit denjenigen, deren Vater Alkoholiker und wirklich kaputt ist? Heißt das, dass der Sohn Gott nicht als Vater kennen kann, nur weil sein irdischer Vater Fehler gemacht hat? Das ist Blödsinn. Das Evangelium ist viel stärker als das. Sie können eine wunderbare Beziehung mit Ihrem himmlischen Vater haben, egal wie die Beziehung zu Ihren irdischen Eltern aussieht. Gott ist nicht annähernd so interessiert an Ihrer Vergangenheit wie an Ihrer Zukunft. Lassen Sie Ihren himmlischen Vater die wichtigste Person in Ihrem Leben sein. Das wird Ihnen nicht nur helfen, ein Leben frei von alten Verletzungen zu leben, sondern macht Sie auch zu einem starken, furchtlosen Zeugen. Der Gott des Universums ist auf Ihrer Seite, und Er ist größer als alle anderen.

Einige der bekanntesten Prediger der Welt haben über mich prophezeit und einige meiner besten Freunde haben mich bei manchen Gelegenheiten hängen lassen. Ich habe mich entschieden, mich nicht von den unglaublich positiven Erlebnissen und auch nicht von den schlechten Erfahrungen leiten zu lassen. Gott hat mich berufen. Kein Mensch kann dies rückgängig machen. Und ich weiß auch, dass ich genauso enttäuschend sein kann. Gott ist es auch, der mich bewahrt. Die Gemeinschaft mit anderen verliert dadurch nicht an Bedeutung, sondern wird noch gestärkt. Wahre Liebe für Geschwister ist möglich, wenn wir auf Christus, den Anfänger und Vollender unseres Glaubens, schauen. Er liebt immer jeden.

Es kommen Zeiten, wenn Sie fest im Glauben stehen müssen, wenn Sie so sprechen und handeln müssen, als ob das, was Gott sagt, wahr ist, selbst wenn Sie es nicht fühlen oder um sich herum sehen können. Dann müssen Sie die Widrigkeiten als guter Soldat erdulden.

Im Glauben zu leben ist nicht etwas, was Sie mal ausprobieren, sondern es ist ein Lebensstil. Sie glauben, wenn es schwierig ist. Sie glauben, wenn es einfach ist. Sie glauben allezeit, weil Sie nicht nur glauben, um davon zu profitieren. Sie glauben, weil Sie wissen, dass Glauben dem Vater gefällt (Hebräer 11,6), und Sie haben sich bereits entschieden, für Ihn und Seine Bestätigung zu leben.

Der Gottmensch Jesus kam mit dieser revolutionären Botschaft zu uns, als Er sagte: „Kehrt um." Er sagte nicht: „Kommt, wie ihr seid." Er rief die Menschen auf, mit ihrem ganzen Leben umzukehren, und fügte hinzu: „Denn das Reich Gottes ist nahe." Das Reich Gottes war nahe, weil Er da war. Wenn Er da ist, dann ist das Reich Gottes hier. Deshalb müssen die Menschen mit ihrem ganzen Leben umkehren und in die andere Richtung gehen, das heißt dem Meister folgen. Umkehr heißt, das ganze Leben umzukehren, sich abzuwenden von den alten Wegen und sich zu Gott hinzuwenden. Das, was Sie zurücklassen, ist nicht annähernd so wichtig wie das, wohin Sie sich wenden – ZU Jesus. Sie hören auf, sich selbst zu suchen, wenn Sie erkennen, dass Sie in Ihm sind. Das ist auch die Botschaft, die wir für die Welt haben. Ich weiß schon, dass wir nicht immer die Möglichkeit haben, den Menschen das ganze Evangelium zu erklären. Oft säen wir nur Samen. Freundlichkeit ist beispielsweise ein großer Türöffner für das Evangelium.

Vor kurzem war ich mit Freunden in einem Restaurant. Ich bemerkte eine Frau im Rollstuhl, die mit ihrem Mann dabei war, zu gehen. Mein Freund und ich folgten ihnen. Als wir sie am Ausgang trafen, brauchten sie gerade jemanden, der ihnen hilft, den Rollstuhl die kleine Treppe hinunter zu tragen. Wir boten gern unsere Hilfe an und ich war wirklich überrascht, wie sehr dieses Ehepaar von dieser scheinbar kleinen Geste berührt war. Aus dieser Position heraus hatten wir die Möglichkeit, für die Frau zu beten und ihnen von Jesus zu erzählen. Seien Sie zu jemandem freundlich. Vielleicht können Sie damit das ewige Schicksal einer Person zum Guten wenden.

Auf der anderen Seite sind wir Jesus nicht ähnlicher, nur weil wir jemandem das Evangelium schmackhaft gemacht haben oder immer lächeln, doch nie Seinen Namen nennen. Amnesty International macht das auch – ich habe das erlebt, als sie mich vor kurzem auf der Straße ansprachen. Die Leute haben gelächelt und waren sehr freundlich. Ich hörte ihnen zu, und sie hörten mir zu, als ich ihnen im Anschluss das Evangelium predigte. Ich hörte zu, weil ich wirklich glaube, dass sie für eine gute Sache eintreten. Sie sahen mein Interesse an ihnen, auch wenn ich keine Petition oder etwas anderes unterschrieb. Mein

Interesse bewirkte, dass sie auch mir zuhörten.

Dennoch dürfen wir nicht vergessen, dass die Menschen ihr Leben früher oder später „hingeben" müssen. Ja, das ist der Teil, den niemand gern anspricht. Jesus zu folgen, ist wirklich einfach: das eigene Leben einfach aufgeben.

Wenn wir den „Hingabe"-Teil des Evangeliums weglassen, lassen wir die Veränderung unseres Lebens weg, die durch das Evangelium kommt. Gnade wirkt dort, wo Demut zu finden ist.

Ich lese und studiere gern die Bibel ohne Filter in meinen Gedanken. Autsch!! – Einige der modernsten und häufig zitierten Verse werden völlig falsch interpretiert. Gott bitte schenk mir Gnade, wenn ich predige. Vielleicht gehen sie hinterher auf mich los. Doch das ist eine andere Geschichte.

Ich will noch etwas über das Gewinnen von Menschen für Jesus sagen. Meiner Meinung nach erreicht die Gemeinde deshalb so wenig Verlorene, weil wir zulassen, dass uns Atheisten vorschreiben, wie wir Dinge tun sollen. Deshalb suchen wir auch ständig nach neuen Ideen. Interessanterweise kommen viele dieser Ideen in Wirklichkeit von Menschen, die gar nicht selbst zu den Verlorenen rausgehen. Dabei ist es doch sinnvoller, wenn jemand wie Reinhard Bonnke uns Strategien gibt, oder jemand, der sich bewährt und Verlorene erreicht hat, anstatt jemand, der in Wahrheit kaum Frucht gesehen hat. Ich habe jedoch nicht die Zeit und den Platz, hier weiter ins Detail zu gehen.

Ich gebe Ihnen ein Beispiel für das, was ich oben erwähnt habe: Häufig lehnen die Menschen das Christentum ab, weil sie der Meinung sind, dass Religion in der Geschichte mehr Kriege und Blutvergießen verursacht hat als alles andere. Wenn Sie mit Menschen auf der Straße reden, hören Sie dieses Argument ziemlich bald. Was ist, wenn das gar nicht stimmt.

Nehmen wir beispielsweise den ehemaligen Atheisten George Carlin, der einmal sagte: „Es wurden mehr Menschen im Namen Gottes umgebracht als aus einem anderen Grund." Es wird einfach so angenommen, dass Carlin (der vor einigen Jahren plötzlich Seinem Schöpfer begegnete) gründlich recherchiert hatte. Doch das hat er nicht gemacht. Auch nicht die, die seine fehlerhaften Aussagen einfach übernehmen. In der Enzyklopädie der Kriege haben die Autoren Charles Philipps und Alan Axelrod die bekannten Kriege aufgeführt. Es gab insgesamt 1763 Kriege, von denen nur 123 in die Kategorie eingeordnet werden können, dass sie etwas mit Religion zu tun haben. Demzufolge sind nur 7 Prozent aller Kriege in der Menschheitsgeschichte Religionskriege. Schätzungsweise wurden drei Millionen Menschen auf den Kreuzzügen der katholischen Kirche und während der schrecklichen Inquisition umgebracht. Doch es starben 95 Millionen Menschen in den beiden Weltkriegen. George Carlin hätte auch überprüfen sollen, wie viele Menschen durch den atheistischen Kommunismus ums Leben gekommen sind. Geschätzte 110 Millionen Menschen starben unter der tyrannischen Herrschaft. Doch weder Religion noch Atheismus sind schuld am Massaker der Menschheitsgeschichte. Der wahre Grund ist die sündige Natur derer, die Religion und Politik nutzten, um ihre eigene gottlose Agenda auszuführen. Manche erstellen Umfragen und fragen die Welt, was sie über das Christentum denken, und basieren dann ihre Theologie darauf.

Ich schreibe aus folgendem Grund darüber: Ich lasse nicht zu, dass die Welt mit ihrem Verständnis oder vielleicht ihren Erfahrungen das Christsein für mich definiert. Letzten Endes muss ich mich an das Wort Gottes halten.

Ich habe genug damit zu tun, selbst Christus richtig zu repräsentieren.

Ich muss nur an die Zeit denken, als ich noch kein Christ war. Alles, was ich sehen konnte, waren Heuchler und Lügner. Warum? Auch wenn dies teilweise stimmte, war ich so voller Stolz. Wenn ich eher zu Jesus gekommen wäre, hätte ich viel

Leid und zehntausende Euros erspart. Das steht fest.

Charles Spurgeon sagte: „Das Evangelium wird nicht auf Jesu Art und Weise gepredigt, wenn es nicht einige segnet und andere verärgert." Jesus folgten große Menschenmengen. Doch als Er darüber sprach, Sein Fleisch zu essen und Sein Blut zu trinken, verärgerte Er viele und nur wenige blieben (Johannes 6,50-68).

Machen Sie sich also keine Sorgen, wenn die Welt uns hasst. Jesus versprach uns sogar, dass wir gehasst werden (Johannes 15,19). Ich weiß, dass sie uns oft hassen, weil wir in einigen Bereichen einfach versagt haben. Davon rede ich nicht. Wir sollen der Welt natürlich keinen berechtigten Grund dafür geben, weil wir uns so blöd verhalten oder weil wir keine Liebe zeigen. Deshalb beginnen wir die Veränderung und die Revolution in unserem eigenen Leben. Doch was ich hiermit sagen möchte, ist Folgendes: Es gibt diesen unangenehmen Teil des Evangeliums, der „Anstoß" erregt. Den sollten wir nicht ändern, um das Evangelium schmackhafter zu machen. Wir sollten so radikal sein, dass es für einige unbequem werden könnte. Letzten Endes müssen wir Gott gefallen, und das tun wir bestimmt nicht, wenn wir Sein Wort verwässern. Lieben Sie einfach die Menschen, dass diese gar nicht anders können, als sich für Jesus zu entscheiden. Tun Sie es mit einem Lächeln, mit dem Wort Gottes und mit dem Heiligen Geist (dies ist keine feste Reihenfolge). Gehen Sie in der Kraft Gottes. Gott hat uns Seinen kostbaren Heiligen Geist gegeben, nicht nur, damit wir unter Seiner Kraft fallen und betrunken werden im Geist. Das sollte normal für uns sein (damit meine ich nicht unbedingt das Auf-den-Boden-fallen). Es ist jedoch viel wichtiger, was passiert, nachdem wir eine Begegnung mit Gott hatten. Gott möchte, dass Er durch uns, anderen begegnen kann. Nur deshalb sind wir eigentlich noch hier.

Wir haben den Heiligen Geist empfangen, um Zeugen zu sein. Ein Gläubiger ist gesalbt und erwählt, um von Gott gebraucht zu werden. Beten Sie für die Kranken, wie Jesus uns aufgetragen hat, und zeigen Sie ihnen den Weg zu Jesus. Ich betete für eine Frau, die auf einer öffentlichen Bank saß. Sie hatte Probleme mit ihren Knien. Wenn Sie Ihre Hände auf jemanden legen, schaffen Sie einen Kontaktpunkt für Gottes Wirken. Es ist nicht das Gebet, sondern das Händeauflegen, das unser Herr vor Seiner Himmelfahrt in dem großen Missionsbefehl erwähnte. Der Heilige Geist ist in Ihnen. Wenn Sie Ihre Hände auflegen, kann Er diese Person durch den Kontakt berühren. Er ist ein Geist, das heißt, Er braucht einen Körper, um sich zu zeigen. Oft denken wir, dass wir auf Gott warten, obwohl Er auf uns wartet. Ich legte also meine Hände auf Ihr Knie, befahl dem Schmerz zu gehen und fragte sie, wie es ihr ginge. Sie sagte: „Es fühlt sich so an, als ob es gerade geölt wurde!!" Ihr ging es gut, und sie hatte keine Schmerzen mehr. Ich erklärte ihr, dass es Jesus Christus ist, der sie geheilt hat, und dass Er auch für die Sünden der Welt gestorben ist. Auf diese Weise können die Menschen Gott begegnen.

Gott schenkte mir einmal ein Bild, das ich eigentlich durch eine Illustration eines Predigers erhielt. Jeder, der Jesus nicht kennt, ist auf dem Weg zum Kreuz. Einige sind näher dran, andere weiter weg, aber sie sind noch nicht gerettet. Nein, überhaupt nicht. Und ich will Ihnen sagen: Sie gehen ohne Jesus in die Hölle. „Nun, das ist nicht uns überlassen, das zu richten." – „Nein, denn es ist schon gerichtet! Lesen Sie mal Ihre Bibel!" - „Damit machen Sie den Leuten doch Angst."

Nein, sie sind nur so an die wohlklingenden Botschaften gewöhnt, dass die Wahrheit so furchteinflößend klingt. Die Menschen müssen das Geschenk der Errettung annehmen, dann wird die Errettung mit all ihren Vorteilen eine Realität für sie. Einige sind näher am Kreuz, andere weiter weg, doch durch uns, die wir ihnen das Evangelium bringen und Samen der Liebe säen, kommen sie näher. Gott gibt das Wachstum.

Denn die Liebe Gottes überwältigt uns, da wir Folgendes verstanden haben: Wenn Einer für alle gestorben ist, war Sein Tod ihr Tod, und Er ist deshalb für alle gestorben, damit die, welche leben, nicht mehr für sich selbst leben, sondern für den, der für sie gestorben und auferstanden ist. (2. Korinther 5,14-15 Weymouth)

Ich will auch Folgendes anmerken: Ein Grund, warum die Leute uns häufig nicht verstehen, ist, dass wir ihnen alles über Gottes Güte erzählen und, wie sehr Er die Menschen liebt (was übrigens alles wahr ist). Aber wenn dann die Sprache auf die Hölle kommt, fühlen wir uns plötzlich richtig nervös und wissen selbst nicht mehr, wieso ein guter Gott einen so schrecklichen Ort schaffen kann. Haben Sie schon einmal darüber nachgedacht? Ich meine, das ist ein Grund, warum einige Homosexuelle der Meinung sind: „Gott liebt uns, auch wenn wir homosexuell sind." Sie haben kein Problem damit, dass Gott sie bedingungslos liebt. Das haben wir ihnen lang genug gepredigt. Nur von Gottes Strenge haben wir ihnen wenig gesagt. Beides ist wahr. Warum? Ich weiß es nicht. Lassen wir Gott Gott sein. Wir sagen nicht die Wahrheit, weil wir unbedingt überall akzeptiert werden wollen und Angst haben, zu religiös oder fundamentalistisch zu klingen oder jemanden vor den Kopf zu stoßen. Paulus wäre niemals verfolgt worden, wenn er die Botschaften gepredigt hätte, die wir heute häufig hören. Gute Menschen haben keine Probleme mit einem bösen Gott. Schlechte Menschen haben ein Problem mit einem guten Gott. Das sollten wir nicht vergessen.

Während ich dieses Buch schrieb, erhielt ich eine Nachricht von einem Teenager, den ich zwei Monate zuvor zum Herrn geführt hatte und der gerade getauft wurde. Er dankte mir. Ich freute mich so sehr. Gott ist gut.

Je länger wir mit dem Herrn wandeln, desto mehr verlangt Er von uns. Das will ich erklären: Ich saß im Dreck mit Drogenabhängigen und Obdachlosen. Wahrscheinlich wünschten sich alle von ihnen eine Veränderung in ihrem Leben. Es gibt einen Unterschied zwischen verhärteten Sündern, die einfach nicht ins Reine mit Gott kommen wollen, und denen, die im Leben einfach nicht die besten Optionen hatten. Was tun wir? Wir geben der zweiten Gruppe sofort Gottes Gnade, denn Gott weist niemals jemanden ab, der zu Ihm kommt. Wir geben der ersten Gruppe etwas von der unbequemen Wahrheit, damit ihr Stolz etwas gebrochen wird. Es ist wie der Räuber, der mit Jesus am Kreuz hing; von ihm wurde nichts erwartet außer etwas Demut und die Erkenntnis, dass Jesus der Sohn Gottes ist. Als ihm das Geschenk angeboten wurde, nahm er es an. Der andere Verbrecher wollte nicht umkehren. Sicher wollte er seine Meinung einige Stunden später ändern.

Wir können das Ärgernis des Kreuzes nicht entfernen und sollten das auch nicht tun. Menschen, die Jesus wirklich lieben, gehen immer zu diesem Kreuz, hängen mit Jesus am Kreuz, gehen ins Grab und stehen wieder auf. Warum? Weil dies der einzige Weg ist, dass Gott durch einen Menschen verherrlicht wird.

Die Pharisäer waren verhärtete Sünder. Sie vertrauten auf ihre eigene Gerechtigkeit. Modernes Pharisäertum sagt Folgendes: „Tief in mir weiß ich, dass ich ein guter Mensch bin." Es ist egal, ob die Person religiös ist oder nicht. Diese „Ich bin ein guter Mensch"-Lüge bringt zahllose Menschen in eine Ewigkeit ohne Christus. Moderne Pharisäer sehen ihre eigenen Sünden nicht. Was ist die Lösung? Sicherlich nicht, wenn wir uns auf die Straße mit einem Schild stellen, auf dem steht: „Kehrt um oder geht in die Hölle." Jesus würde das nicht tun. Darin ist keine Salbung und auch keine Weisheit. Alles, was wir tun ohne die Salbung des Heiligen Geistes, ist wertlos. Ich bin für kreative Ideen, um die Menschen zu erreichen. Ich liebe einfach die Salbung und das Wort Gottes. Wenn wir uns an diese beiden halten, sehen wir große Frucht. Wir predigen die Wahrheit, die durch die Zeichen der Liebe Gottes und Seiner mächtigen Kraft bestätigt wird, und die Menschen kommen zu Christus.

Als Kinder Gottes dürfen wir nicht vergessen, dass der Herr mehr von uns erwartet, je länger wir mit dem Herrn wandeln. Sein Licht leuchtet über allem, was wir tun und sagen. Eines Tages werden wir sehen, ob unsere Werke wirklich GOTTES Werke oder einfach nur GUTE Werke waren. Aus diesem einfachen Grund wissen wir, dass die Vorstellung, dass Gott niemals etwas von uns erwartet, Unsinn ist. Unsere Werke sind GOTTES Werke, wenn unsere Motivation ist, Ihm zu gefallen und zu gehorchen. Das heißt, wir wandeln in der Liebe und im Glauben – den zwei mächtigen Kräften, die zusammenwirken. Wir können Glauben als Ergebnis unseres Wandels in der Liebe sehen. Wenn wir in Liebe wandeln und durch das Wort Gottes leben, wird der Glaube zu einer mächtigen Kraft. Wir lernen es, Gott in jeder Lage zu vertrauen. Das habe ich schon oft erlebt. Dies kommt nicht durch Anstrengung, sondern durch das Wort Gottes, das in der Gegenwart Gottes in uns lebendig wird.

Viele Christen tun nur das, was anderen Christen wichtig ist. Wir sollten die Welt als Missionsfeld sehen und versuchen, in allem – in großen und in kleinen Dingen – vortrefflich zu handeln. Es gibt einen, der zuschaut und entsprechend belohnt.

Als Nachfolger von Jesus oder als Christen im Allgemeinen (nicht nur als Leiter, Prediger, Pastoren ...) müssen wir uns wirklich ab und zu fragen und überprüfen, wie sehr wir eigentlich die Menschen durch unser Leben und unser Tun beeinflussen, die hoffnungslos verloren sind. Im Prinzip können Sie jeden, der unter der Herrschaft der Sünde und Finsternis ist, als verloren und zerbrochen ansehen. Wir sollten die Verlorenen und Zerbrochenen lieben, weil auch wir einmal wie sie waren. Jesus liebt die Verlorenen, obwohl Er niemals einer von ihnen war. Er weiß, wie es sich anfühlt, weil Er sich mit IHNEN, mit MIR identifizierte. Christsein heißt nicht nur Beten oder Zeit mit Gott verbringen. Immer, wenn ich längere

Zeit den Herrn im Gebet suchte, entstand dadurch automatisch ein intensives Verlangen, das Evangelium zu predigen! Wie können Sie denken, dass Sie den Herrn lieben und keine Last für Seelen verspüren. Vieles von dem, was wir tun, ist im Licht der Ewigkeit völlig sinnlos. Wir sollten uns dessen bewusst sein und uns entsprechend ändern.

Eine der größten Tragödien in der Gemeinde heutzutage ist, dass wir Leute haben, die alles über die Bibel wissen, aber nicht mal einen kleinen Prozentsatz von dem, was sie predigen, erlebt haben. Gleichzeitig präsentieren sie sich jedoch als solche, die alles wissen, und machen sich nicht einmal Gedanken, dass sie keine Frucht bringen. Wissen bläht auf. Liebe baut auf. Wir müssen TÄTER des Wortes sein.

TREUE

Denn es ist wie bei einem Menschen, der außer Landes reisen wollte, seine Knechte rief und ihnen seine Güter übergab. Dem einen gab er fünf Talente, dem anderen zwei, dem dritten eins, jedem nach seiner Kraft, und er reiste sogleich ab. Da ging der hin, welcher die fünf Talente empfangen hatte, handelte mit ihnen und gewann fünf weitere Talente. Und ebenso der, welcher die zwei Talente [empfangen hatte], auch er gewann zwei weitere. Aber der, welcher das eine empfangen hatte, ging hin, grub die Erde auf und verbarg das Geld seines Herrn. Nach langer Zeit aber kommt der Herr dieser Knechte und hält Abrechnung mit ihnen. Und es trat der hinzu, der die fünf Talente empfangen hatte, brachte noch fünf weitere Talente herzu und sprach: Herr, du hast mir fünf Talente übergeben; siehe, ich habe mit ihnen fünf weitere Talente gewonnen. Da sagte sein Herr zu ihm: Recht so, du guter und treuer Knecht! Du bist über wenigem treu gewesen, ich will dich über

vieles setzen; geh ein zur Freude deines Herrn! Und es trat auch der hinzu, der die zwei Talente empfangen hatte, und sprach: Herr, du hast mir zwei Talente übergeben; siehe, ich habe mit ihnen zwei andere Talente gewonnen. Sein Herr sagte zu ihm: Recht so, du guter und treuer Knecht! Du bist über wenigem treu gewesen, ich will dich über vieles setzen; geh ein zur Freude deines Herrn! Da trat auch der hinzu, der das eine Talent empfangen hatte, und sprach: Herr, ich kannte dich, dass du ein harter Mann bist. Du erntest, wo du nicht gesät, und sammelst, wo du nicht ausgestreut hast; und ich fürchtete mich, ging hin und verbarg dein Talent in der Erde. Siehe, da hast du das Deine! Aber sein Herr antwortete und sprach zu ihm: Du böser und fauler Knecht! Wusstest du, dass ich ernte, wo ich nicht gesät, und sammle, wo ich nicht ausgestreut habe? Dann hättest du mein Geld den Wechslern bringen sollen, so hätte ich bei meinem Kommen das Meine mit Zinsen zurückerhalten. Darum nehmt ihm das Talent weg und gebt es dem, der die zehn Talente hat! Denn wer hat, dem wird gegeben werden, damit er Überfluss hat; von dem aber, der nicht hat, wird auch das genommen werden, was er hat. Und den unnützen Knecht werft hinaus in die äußerste Finsternis! Dort wird das Heulen und Zähneknirschen sein. (Matthäus 25,14-30)

Ich glaube, dass die Talente, von denen Jesus hier spricht, die Gaben sind, die Gott uns gegeben hat. Es gibt viele verschiedene Gaben. Gott ist der Geber der Gaben, aber es liegt an uns, sie einzusetzen.

Es beginnt alles mit der persönlichen Hingabe an Gott.

Ich respektiere die Mutter, die morgens zum Beten aufsteht, mehr als den berühmten Prediger, dessen Herz Gott gegenüber kalt geworden ist. Sie wird den größeren Lohn empfangen.

Manchmal sind wir bei diesen Dingen viel zu irdisch gesinnt.

> **Und wenn du betest, sollst du nicht sein wie die Heuchler; denn sie stellen sich gern in den Synagogen und an den Straßenecken auf und beten, um von den Leuten bemerkt zu werden. Wahrlich, ich sage euch: Sie haben ihren Lohn schon empfangen. Du aber, wenn du betest, geh in dein Kämmerlein und schließe deine Türe zu und bete zu deinem Vater, der im Verborgenen ist; und dein Vater, der ins Verborgene sieht, wird es dir öffentlich vergelten. (Matthäus 6,5-6)**

Wir sollten nicht für heute leben, sondern immer die Ewigkeit im Hinterkopf behalten.

> **Ihr sollt euch nicht Schätze sammeln auf Erden, wo die Motten und der Rost sie fressen und wo die Diebe nachgraben und stehlen. Sammelt euch vielmehr Schätze im Himmel, wo weder die Motten noch der Rost sie fressen und wo die Diebe nicht nachgraben und stehlen! Denn wo euer Schatz ist, da wird auch euer Herz sein. (Matthäus 6,19-21)**

Ich habe eins gelernt: Ich muss mich immer wieder überprüfen, wie groß mein Verlangen nach Gott ist. Gleichzeitig wächst mein Verlangen nach Ihm, wenn ich Seine vollkommene Liebe zu mir erkenne. Es ist eine innige Beziehung. Mein Herz ist dort, wo mein Schatz ist.

Einige sagen, dass wir nur beten, um Zeit mit Jesus zu verbringen. Ja, das stimmt. Doch jedes Mal, wenn ich Ihm begegne, erkenne ich, dass die Rettung der Menschheit Seine Herzensangelegenheit ist. Er hat kein Interesse daran, uns ein Gänsehaut-Feeling zu geben, dass wir uns gut fühlen. Er will, dass ich verstehe, dass ich die Gerechtigkeit Gottes bin, sodass ich das Evangelium predigen kann, weil ich weiß, dass die ganze Hölle besiegt ist.

Es geht nun darum, die freizusetzen, die immer noch unter der Herrschaft des Feindes sind. Paulus wurde errettet und begann zu predigen. Das ist eine biblische Bekehrung.

(Er bekehrte sich) und er nahm Speise zu sich und kam zu Kräften. Und Saulus war etliche Tage bei den Jüngern in Damaskus. Und sogleich verkündigte er in den Synagogen Christus, dass dieser der Sohn Gottes ist. (Apostelgeschichte 9,19-20)

Lesen Sie die ganze Geschichte in Apostelgeschichte 9,1-20 selbst durch.

Ich fing an zu verstehen, dass es Gottes Wunsch ist, dass ich die Gaben einsetze, die Er mir gab. Jesus ist die Antwort für diese sterbende Welt. Ewiges Leben ist Sein Geschenk.

Als ich mich entschloss, zum ersten Mal öffentlich auf der Straße in meiner Heimatstadt zu predigen, fragte ich die Geschwister in meiner Heimatgemeinde, ob sie mich als Gebetsteam begleiten möchten. Einige sagten zu, doch zur vereinbarten Zeit war außer meiner Schwester Martha niemand anderes da! Ich war enttäuscht, denn ich war der Meinung, dass ich ein Gebetsteam brauchte. Zuerst begann ich, einzelnen Menschen zu dienen. Die ersten zwei Menschen, die ich ansprach, waren zwei Männer aus Afrika. Beide waren Christen. Ich betete für sie und erklärte ihnen, dass ich heute auf der Straße predigen werde, aber mein Gebetsteam mich im Stich gelassen hat. Zu meiner Überraschung sagten sie: „Wir können dein Gebetsteam sein!" Sie setzten sich hin, ich begann zu predigen und sie taten Fürbitte für mich. Dieser Tag veränderte mein Leben. Nun, meine Predigt war nicht die beste und niemand wurde errettet, doch hier kommt die Überraschung: Hinterher erzählten sie mir, dass sie erst kürzlich eine Evangelisation von Reinhard Bonnke in Nigeria besucht hatten! Ich habe diese beiden Männer danach nie wieder getroffen auch hatte ich sie vorher nicht gesehen.

Diese Erfahrung lehrte mich so viel über die Treue Gottes. Ich bin auch überzeugt, dass diese Art von Erfahrungen mich geprägt und auf meinen zukünftigen Erfolg und Dienst vorbereitet haben. Gott wird unseren Einfluss vergrößern, wenn wir treu mit dem umgehen, was wir von Ihm bekommen haben.

Ich möchte hier gern ein Wort besonders an junge Prediger und Diener Gottes richten. Vor Jahren hörte ich ein Zitat von Leonard Ravenhill: „Wir begeben uns in große Gefahr, wenn wir zulassen, dass unsere eigenen Errungenschaften die Basis für unsere Zuversicht werden." Dieses Wort wurde zu einem Rhema-Wort von Gott, das mich richtig ins Herz traf. Seitdem bin ich entschlossen, nur die Errungenschaften von Christus als Grundlage für meine Zuversicht zu nehmen. Vielleicht haben Sie großen Eifer, und das ist gut so. Ich hatte und habe immer noch großen Eifer. Das vollendete Werk von Jesus ist alles, worauf wir stolz sein können. Ich ehre meinen Pastor und meine Leiter. Es ist wichtig, dass Sie das auch tun, denn ich habe meine Lektionen gelernt. Seien Sie auch Ihren Leitern gegenüber treu. Genau dafür werden wir am Tag des Gerichts zur Rechenschaft gezogen.

IN IHM BLEIBEN

Die Grundlage meiner Zuversicht sollten die Errungenschaften von Jesus sein, weil ich ohne die Gegenwart Gottes nichts vorzuweisen habe.

Wir müssen unsere Errungenschaften in Bezug auf die Gaben und Talente betrachten, die wir vom Herrn empfangen haben. Es zählt nicht nur, wie viele Menschen jemand zum Herrn geführt hat und wie viele Menschen geheilt wurden. Am Tag des Gerichts zählt vor allem, was wir mit Seinen Talenten gemacht haben. Es sind Seine Talente, nicht unsere. Unser Talent gehört uns nicht, es gehört dem Meister.

Jesus bezeichnet sich als den Weinstock.

Bleibt in mir, und ich [bleibe] in euch! Gleichwie die Rebe nicht von sich selbst aus Frucht bringen kann, wenn sie nicht am Weinstock bleibt, so auch ihr nicht, wenn ihr nicht in mir bleibt. Ich bin der Weinstock, ihr seid die Reben. Wer in mir bleibt und ich in ihm, der bringt viel Frucht; denn getrennt von mir könnt ihr nichts tun. Wenn jemand nicht in mir bleibt, so wird er weggeworfen wie die Rebe und verdorrt; und solche sammelt man und wirft sie ins Feuer, und sie brennen. (Johannes 15,4-6)

Jesus sagte: „Ich bin der Weinstock, ihr seid die Reben." Die Reben sind der fruchttragende Teil des Weinstocks. Jesus hat nicht die Aufgabe, Frucht zu bringen. Der Heilige Geist hat nicht die Aufgabe, Frucht zu bringen. Wir haben die Aufgabe, Frucht zu bringen.

Der Gläubige, der es lernt, in Christus zu bleiben, wird seine Bestimmung wirklich erfüllen. Wenn wir in Ihm bleiben, bringen wir viel Frucht.

Wenn ich das Buch der Offenbarung lese, scheint es mir, dass die Märtyrer und diejenigen, die um das Evangeliums willen verfolgt wurden, aufgrund ihrer Treue und ihres Gehorsams einen besonderen Platz im Himmel erhalten und von Gott besonders behandelt werden. Stellen Sie sich einen Moslem vor, der Jesus begegnet und Christ wird. Er brennt für Gott, einen Tag später wird er umgebracht. Er war treu. Er hatte eigentlich nicht viel Zeit, das Reich Gottes zu bauen. Doch ich sage Ihnen, dass Gott die Dinge anders sieht als wir und wir uns dessen bewusst sein müssen. Wir werden nicht groß sein im Reich Gottes, nur weil wir eine große Gemeinde haben. Wir werden groß sein, wenn wir es gelernt haben, wie Jesus zu lieben, und ein Leben in Treue und Gehorsam gelebt haben. In der Welt streben die Menschen nach Ruhm, sie arbeiten hart daran, nach oben zu kommen, und verachten andere, die nicht so viel erreicht haben.

Im Reich Gottes streben wir nach Jesu Ruhm; wir erniedrigen und demütigen uns und achten andere höher als uns selbst. Der Geist der Welt hat im Reich Gottes nichts zu suchen, und wir brauchen klare Augen, um zu sehen, welchen Einfluss wir wirklich um Seines Namens willen haben.

Denken Sie niemals, dass öffentliche Anerkennung gleich-bedeutend mit einem großen Einfluss im Reich Gottes ist. Dies kann zwar so sein, ist jedoch nicht der entscheidende Faktor. Ich traf Menschen, die ihre Freunde um des Evangeliums willen beerdigen mussten – und niemand nahm Notiz davon. Andere erreichen Tausende in anderen Teilen der Welt, sind jedoch in den sozialen Medien nicht zu finden.

Diese sind Riesen und rühren mich zu Tränen. Deshalb ist es wichtig, dass wir immer die Ewigkeit vor Augen haben. Damit meine ich nicht, dass wir Angst vor der Hölle haben, sondern dass wir vor dem Richterstuhl Christi erscheinen müssen, und an diesem Tag kann jeder sehen, ob unsere Werke GOTTES Werke oder einfach nur GUTE Werke waren.

Nur Gott und wir wissen, ob wir wirklich ein echtes Gebetsleben haben und in Heiligkeit wandeln oder andere beneiden. Warum wandeln wir nicht jetzt mit einem reinen Herzen und tun alles, damit wir wirklich etwas für das Reich Gottes bewirken?

Wenn Sie in den vollzeitlichen Dienst gehen wollen: Schließen Sie sich in einem Zimmer ein und weinen Sie über die verlorenen Seelen. Wenn Sie das nicht können, bin ich mir nicht sicher, ob Sie dafür geeignet sind.

Ich möchte eines Tages hören: „GUT GEMACHT". Das ist eine große Motivation für mich. Die Vorfreude ist wirklich die größte Freude. Ich lebe nicht für heute, egal was die neuesten Prediger lehren. Ich lebe für die Ewigkeit. Das halte ich so seit meiner

Bekehrung und bin damit recht gut gelaufen.

Ich versuche immer, in meinen eigenen Augen nichts Besonderes zu sein. Ich habe in den wenigen Jahren nach meiner Errettung zu Tausenden gepredigt und Tausende zu Jesus geführt. Wenn ich unterwegs bin und predige, ist dies manchmal überwältigend, weil ich die Frucht sehen kann. Ich sehe, wie der Taube anfängt zu hören und die Frau von Krebs geheilt wird. Manchmal sage ich zu Jesus: „Lieber Gott, ich kann damit nicht mehr umgehen. Ich verstehe nicht, warum Du jemanden wie mich gebrauchst, aber es sollte nie um mich gehen, sondern nur um Dich."

Dann ziehe ich mich zurück, um allein mit Ihm zu sein. Es wird immer diese Versuchung da sein, dass wir plötzlich denken, dass wir sehr wichtig sind. Wir dürfen nicht darauf reinfallen, sondern müssen diesen Gedanken aktiv widerstehen!

GNADE. Versuchen Sie immer, daran zu denken. Sobald Sie denken, dass Sie etwas ganz Besonderes haben, erinnern Sie sich einfach an Ihre Vergangenheit und denken Sie daran, dass Jesu Erlösungswerk der Grund ist, dass Sie nicht länger in der Vergangenheit leben.

Wenn Sie sagen, dass Sie keine Vergangenheit haben, wurden Sie wahrscheinlich noch nie von Ihren Sünden überführt. Jesus muss erhöht werden, das ist alles, was zählt. Es geht nie um uns – es geht immer um Ihn.

Gott möchte, dass Sie treu in dem sind, was Sie im Moment haben. Vielleicht hat Er Ihnen eine besondere Aufgabe oder eine große Vision gegeben, und das ist großartig. Doch nur mit dem richtigen Herzen und etwas Aktivität können wir vorwärts gehen und eine Vision umsetzen.

Viele wachsen nicht in ihrer Berufung und gehen nicht vorwärts, weil sie nicht das einsetzen, was sie bereits haben. Nichtstun ist kein guter Katalysator.

Bishop Dale C. Bronner sagt: „Der Feind möchte Sie entmutigen, damit Sie einfach sitzen bleiben und Ihre Gabe nicht einsetzen. Er weiß, dass Sie einen Durchbruch erleben, wenn Sie Ihre Gabe einsetzen. Nutzen Sie in jedem Fall Ihre Gabe!"

Genau wie Jesus im Gleichnis von den Talenten verdeutlichte, vertraut Er uns mehr an, wenn wir das einsetzen, was wir haben.

Wir sind keine Waisen mehr. Wir sind in die Familie Gottes eingepflanzt. Halten Sie daran fest, suchen Sie Gott im Gebet, studieren Sie Sein Wort und stellen Sie sicher, dass Sie in allem wandeln, was Gott für Sie vorgesehen hat. Sie brauchen sich gar keine Sorgen mehr über die Zukunft zu machen, weil Er jeden Atemzug in Seinen Händen hält. Wie viel mehr Ihre Zukunft?

FRAGEN ZUM NACHDENKEN

1. Welche besonderen Gaben oder Talente hat Gott Ihnen gegeben? Schreiben Sie sie in einer Liste auf.

2. Wie können Sie treu sein mit dem, was Sie von Gott bekommen haben? Erstellen Sie eine Liste mit Dingen, die Sie jeden Tag tun können.

3. Wie würden Sie die Vision definieren, die Sie für Ihr Leben haben oder die Gott Ihnen gegeben hat? Schreiben Sie Ihre Vision in einigen Sätzen auf. Schreiben Sie danach 5 Dinge auf, die Sie jetzt tun können, um der Erfüllung dieser Vision näherzukommen.

4. Wie leidenschaftlich und begeisternd sind Sie in Bezug auf Treue? Wie schnell hören Sie, wenn Gott zu Ihnen spricht? Bitten Sie den Herrn, die Leidenschaft für Gehorsam und Treue neu zu entfachen.

5. Was würde der Herr Ihrer Meinung nach Ihnen sagen, wenn Sie jetzt vor dem Herrn stehen würden und Rechenschaft für Ihr Leben geben müssten? Versuchen Sie, es sich vorzustellen.

6

HEILIGKEIT UND
DIE FURCHT DES HERRN

Und wenn ihr den als Vater anruft, der ohne Ansehen der Person richtet nach dem Werk jedes einzelnen, so führt euren Wandel in Furcht, solange ihr euch hier als Fremdlinge aufhaltet. Denn ihr wisst ja, dass ihr nicht mit vergänglichen Dingen, mit Silber oder Gold, losgekauft worden seid aus eurem nichtigen, von den Vätern überlieferten Wandel, sondern mit dem kostbaren Blut des Christus, als eines makellosen und unbefleckten Lammes. (1. Petrus 1,17-19)

Eine der stärksten Eigenschaften von Gott ist, dass Gott GUT ist. Alles, was Er tut, ist gut. Wenn Er rettet – ist es gut. Wenn Er richtet – ist es gut. Wenn Er segnet – ist es gut. Wenn Er zurechtweist – ist es gut.

Falls es in unseren Augen nicht „gut" ist, spielt das keine Rolle. Was zählt ist, was Er denkt. Wenn Er sagt, dass es gut ist, ist es gut, weil Er es so sieht. Es liegt uns fern, einen Gott nach unseren Vorstellungen zu schaffen, wo alles genauso passt, wie wir das wollen.

Ich persönlich bin dankbar dafür, wenn Gott mich zurechtweist oder korrigiert (damit meine ich NICHT Krankheiten, Armut – das alles ist Teil von Satans Fluch), weil ich dadurch gewachsen bin.

Ein guter Sohn schreibt seinem Vater nicht vor, wie er sich verhalten soll.

Und ein guter Vater weiß, was für sein Kind am besten ist, und erzieht es so, wie er es für richtig hält.

Ich liebe die Wahrheit. Oft reduzieren wir die Wahrheit auf eine Tatsache oder ein Prinzip, aber die Wahrheit ist eine Person. Kein anderer Gott sprach solche verblüffenden und überzeugten Worte über sich: „Ich bin die Wahrheit." Wenn wir lieben und die Wahrheit erkennen, wird Jesus uns weiter alle möglichen Dinge offenbaren. Jemand sagte: „Man muss Gott nicht fürchten, weil es keine Furcht in der Liebe gibt." Das ist eine weitere gut klingende Fehlinterpretation der Bibel. „Es gibt keine Furcht in der Liebe" heißt nicht, „es gibt keine Furcht des Herrn in unserer Liebesbeziehung mit Gott". Es geht in dem zitierten Vers um ungöttliche, quälende Furcht oder unbegründete Angst. Beispielsweise ist jemand, der Menschen fürchtet, nicht vollkommen in der Liebe. Er hat Angst davor, was Menschen ihm antun oder über ihn denken könnten. Das ist „quälende Furcht" und hat mit Strafe zu tun. In der Furcht des Herrn liegt große Kühnheit. Die Furcht des Herrn muss die Grundlage für alles in unserem Leben als Christ sein, denn wir haben eine Motivation, die alles andere übersteigt: Gott wohl zu gefallen. Das ist keine „veraltete" Lehre, sondern die Wahrheit, die uns von uns selbst befreit. Zurzeit gibt es in der Gemeinde nicht viele Predigten über die Furcht des Herrn, aber es stört mich nicht, wenn dieses Kapitel nicht populär sein sollte. Ich glaube nämlich, dass sie ein sehr wichtiger Teil der Natur Gottes ist und vieles in unserem Leben bestimmt, z. B. wie innig wir Gott kennen, wie wir unser Leben führen und wie sehr wir in unserer Bestimmung und Berufung wachsen.

Doch er sprach zum Menschen: „Siehe, die respektvolle und verehrende Furcht des Herrn – das ist Weisheit, und vom Bösen weichen, das ist Einsicht. (Hiob 28,28, Amplified Bible)

Ehrfurcht vor Gott ist ein wesentlicher Bestandteil der wahren Gnade Gottes.

Bei meiner Bekehrung war ich mir nicht sicher, was schrecklicher war für mich: die Tatsache, dass der Teufel mich in einer letzten Anstrengung in die Hölle ziehen wollte oder dass Gott ins Zimmer kam und mich aus seinen Händen riss. In den Augenblicken meiner dramatischen Bekehrung wusste ich wirklich nicht, wer mehr zu fürchten ist – der Feind oder Gott. Gleichzeitig und direkt im Anschluss an diese Begegnung wusste ich, dass ich von meinem himmlischen Vater bedingungslos angenommen bin. Wir müssen keine Angst vor Gott in dem Sinne haben, dass wir uns nicht zu Ihm trauen. Nach meinen Erfahrungen bringt uns die Furcht des Herrn näher zu unserem liebenden Retter, statt uns von Ihm fernzuhalten.

Gott ist unser Vater – und trotzdem ist Er immer noch Gott. Er ist voller Liebe – und doch zu fürchten, denn Er ist ein verzehrendes – oder wie eine andere Übersetzung es sagt – ein verschlingendes Feuer (Hebräer 12,29).

Die Furcht des Herrn ist ein großes Geschenk. Sie bewahrt uns nicht nur vor Problemen, sondern ist auch besonders wichtig, wenn wir anderen von Jesus erzählen. Wenn Sie Gott fürchten, haben Sie keine Furcht vor Menschen. In der Furcht des Herrn liegt starke Zuversicht. **Wir als Nachfolger Jesu müssen es lernen, in der Furcht des Herrn zu leben, denn Jesus lebte darin.**

> **Und es wird ein Zweig hervorgehen aus dem Stumpf Isais und ein Schössling hervorbrechen aus seinen Wurzeln. Und auf ihm wird ruhen der Geist des Herrn, der Geist der Weisheit und des Verstandes, der Geist des Rats und der Kraft, der Geist der Erkenntnis und der Furcht des Herrn. (Jesaja 11,1-2)**

Jesus hatte *Wohlgefallen* an der Furcht des Herrn.

> **Und er wird sein Wohlgefallen haben an der Furcht des Herrn. Er wird nicht nach dem Augenschein richten,**

noch nach dem Hörensagen Recht sprechen. (Jesaja 11,3)

Was ist die Furcht des Herrn? Sie ist der höchste Respekt für Gott. Wir lernen, unsere Entscheidung auf der Grundlage dessen zu treffen, was Gott denkt und was Er von uns möchte.

Es ist schrecklich, zu behaupten: „Aufgrund unserer Stellung in Christus brauchen wir die Furcht des Herrn nicht mehr." Das wäre das Gleiche, wie wenn ein Sohn nach dem Empfang seines Erbes vom Vater sagen würde: „Ich muss meinen Vater jetzt nicht mehr respektieren." So ein Sohn kennt seine wahre Identität nicht. Wir müssen wirklich noch mehr über die Furcht des Herrn lernen, so wie wir unsere Identität in Ihm immer mehr erkennen.

Ich habe herausgefunden, dass sich mein Herz immer dessen bewusst sein muss, dass wir uns Gott mit Ehrfurcht und Respekt nahen müssen. Es gibt einen großen Unterschied zwischen der Furcht, die vom Feind kommt, und der Furcht, die von Gott kommt, und es gibt viele Christen, die die Furcht des Herrn missverstehen. Der Teufel will uns lähmen und einschüchtern. Gott will, dass wir wie Sein Sohn Jesus werden. Ich muss nie mehr Angst vor dem Feind haben. Doch ich will den Herrn in alle Ewigkeit fürchten und respektieren.

„Ich bin entschlossen, so zu leben, wie ich es mir gewünscht hätte, wenn ich sterben muss." Jonathan Edwards

Wenn wir die Furcht des Herrn nicht verstehen, fangen wir an, einen Gott nach unseren Vorstellungen zu schaffen und die Gnade einseitig zu sehen. Wir müssen die Furcht des Herrn genauso verstehen, wie wir die Barmherzigkeit Gottes schätzen sollten.

Darum nehmt eure Gedanken zusammen; seid nüchtern (umsichtig, moralisch wachsam); setzt eure Hoffnung ganz und unverändert auf die Gnade (göttliche Gunst), die euch zuteil wird, wenn Jesus

Christus (der Messias) offenbart wird. [Lebt] als Kinder des Gehorsams [gegenüber Gott]; passt euch nicht den Begierden an, [die euch] in eurer früheren Unwissenheit [beherrschten, als ihr die Forderungen des Evangeliums nicht kanntet], sondern wie der, welcher euch berufen hat, heilig ist, sollt auch ihr heilig sein in eurem ganzen Verhalten und Leben. Denn es steht geschrieben: Ihr sollt heilig sein, denn ich bin heilig. Und wenn ihr Ihn als [euren] Vater anruft, der jeden ohne Ansehen der Person nach dem richtet, was er tut, [so] führt euren Wandel in wahrer Ehrfurcht, solange ihr euch hier noch [auf der Erde] aufhaltet, [egal ob lang oder kurz]. Denn ihr müsst wissen (erkennen), dass ihr von dem nichtigen (fruchtlosen), von [euren] Vorvätern traditionell überlieferten Wandel nicht mit vergänglichen Dingen [wie] Silber oder Gold erlöst (losgekauft) worden seid, sondern mit dem kostbaren Blut des Christus (des Messias), als eines makellosen und unbefleckten Opferlammes. (1. Petrus 1,13-19, Amplified Bible)

Dies wurde an Gläubige geschrieben. Heutzutage haben viele Gläubige den Bezug zur Furcht Gottes verloren. Das liegt teilweise daran, dass die Sünde sehr trügerisch ist.

SÜNDEN BEKENNEN

Wie nun? Sollen wir sündigen, weil wir nicht unter dem Gesetz, sondern unter der Gnade sind? Das sei ferne! Wisst ihr nicht: Wem ihr euch als Sklaven hingebt, um ihm zu gehorchen, dessen Sklaven seid ihr und müsst ihm gehorchen, es sei der Sünde zum Tode, oder dem Gehorsam zur Gerechtigkeit? (Römer 6,15-16)

Sünde führt zum Tod. Oft ist das Ziel des Teufels nicht, eine Person sofort zu vernichten. Er ist clever und hat einen Plan. Er sät Samen in das Leben eines Menschen – eine Sünde nach der anderen –, um am Ende eine geistlich tote Person zu „ernten". Nehmen wir zum Beispiel die vielen Geschichten gefallener Prediger, die in den letzten Jahren die Runde machten, z. B. Männer Gottes, die lange ein Doppelleben führten und in Ehebruch lebten oder die aufgrund unmoralischen Verhaltens geschieden wurden. Wie kann das einem Mann Gottes passieren, der scheinbar geistlich so stark ist? Ich glaube zwar, dass jeder Fehler macht, doch oft liegt es daran, dass wir mit bestimmten Sündenproblemen in unserem Leben nicht abgeschlossen haben.

Wenn jemand zu Christus kommt, kann er sofort frei von ALLEN Sünden sein. Das stimmt zwar so, doch in der Praxis ist in manchen Bereichen oft ein Prozess notwendig. Der Gläubige kann sich entscheiden, ob er sich diesem Prozess hingibt oder nicht.

Nehmen wir zum Beispiel einen jungen Mann, der voller Sünde ist. Er ist abhängig von Drogen, Alkohol und Pornografie; er wird errettet und bekennt Jesus Christus als seinen Herrn und Retter. Durch seine Begegnung mit der Kraft Gottes ist die Drogen- und Alkoholsucht sofort gebrochen. Es vergehen Wochen und Monate – doch er kämpft immer noch mit Pornografie. Er versucht mehrmals, damit aufzuhören. Doch er schafft es nicht, bis er sich eines Tages entschließt, sich jemandem anzuvertrauen und diese Sünde zu bekennen. Er bekommt Unterstützung von anderen und der Heilungsprozess beginnt.

Dieses Beispiel habe ich mir nicht ausgedacht. Das ist mit mir passiert. Ich wurde errettet, hatte aber immer noch diese Sünde in meinem Leben. Ich bin froh, dass ich relativ schnell Gottes Licht hineinließ, sodass ich mit der Sünde abschließen konnte. In diesem Bereich meines Lebens war ein Heilungsprozess notwendig. Erst als ich mich entschied, nichts zurückzuhalten, alles zu bekennen und mich völlig zu öffnen, konnte die Sünde mitsamt Wurzel entfernt werden. Seitdem brenne ich für radikale Heiligkeit und ich sage Ihnen, diese bringt wahre Kühnheit hervor.

Hier geht es nicht darum, positive Bibelstellen über meine Fähigkeiten in Christus zu proklamieren. Das kann hilfreich sein, führt Sie jedoch nicht in die Freiheit. Wenn wir wirklich von den Verstrickungen der Welt frei werden wollen, müssen wir uns demütigen und Gott erlauben, Sein Licht und Seine Herrlichkeit in die tiefsten und dunkelsten Ecken unserer Seelen zu leuchten. Das kann geschehen, wenn wir die Sünde bekennen und ehrlich sind, nicht nur vor Gott, sondern auch vor anderen, vor Menschen, die uns lieben und für uns beten.

Wer seine Schuld verheimlicht, dem wird es nicht gelingen, wer sie aber bekennt und lässt, der wird Barmherzigkeit erlangen. (Sprüche 28,13)

Im Bekennen der Sünden liegt Kraft – es heilt das Herz und setzt frei. Jesus sagte: „Ihr werdet die Wahrheit erkennen, und die Wahrheit wird euch freimachen" (Johannes 8,32). Die Wahrheit kann wehtun, aber das ist in Ordnung. Manchmal müssen wir erkennen, dass Gottes Gnade alles ist, was wir haben. Ich liebe die Übersetzung in der Amplified Bible von Sprüche 11,2: **„Mit Übermut und Stolz kommen auch Leere und Schande, doch bei den Demütigen (den Bescheidenen, die durch Prüfungen beschnitten und bearbeitet wurden und sich selbst verleugnen) findet sich hohe und göttliche Weisheit und Klarheit."**

Der Teufel arbeitet hart, um Christen zu überzeugen, dass sie nie ihre Sünden bekennen müssen. In einer Weise stimmt das auch – wir müssen unsere Sünden nicht VOR ANDEREN bekennen, um Vergebung zu empfangen. Nur durch Jesus kann uns Reinigung und Vergebung zuteil werden. In 1. Johannes 1,9 haben wir diese wunderbare Verheißung:

Wenn wir aber unsere Sünden bekennen, so ist er treu und gerecht, dass er uns die Sünden vergibt und uns reinigt von aller Ungerechtigkeit.

Das heißt, wenn wir unsere Sünden vor Gott bekennen, ist Er treu und gerecht, uns zu vergeben. Dabei dürfen wir auch nicht vergessen, dass Er uns nicht verurteilt, weil Er uns so sehr liebt:

So gibt es jetzt keine Verdammnis mehr für die, welche in Christus Jesus sind, die nicht gemäß dem Fleisch wandeln, sondern gemäß dem Geist. (Römer 8,1)

Dazu noch eine Bibelstelle:

Bekennt einander eure Fehler (eure Übertretungen, eure falschen Schritte, woran ihr Anstoß genommen habt, eure Sünden) und betet [auch] füreinander, damit ihr geheilt und [zu einem geistlichen Herzen und zu einer geistlichen Gesinnung] wiederhergestellt werdet! Das ernsthafte (von Herzen kommende, ununterbrochene) Gebet eines Gerechten setzt erstaunliche [dynamisch wirkende] Kraft frei. (Jakobus 5,16, Amplified Bible)

Wenn der Feind es schafft, eine Lüge oder eine Festung versteckt zu halten, hat er Sie im Griff. Doch wenn die Lüge aufgedeckt, bekannt und aufgegeben wird, verliert der Feind seinen Einfluss in diesem Bereich Ihres Lebens. Sie gehen mit einem reinen Gewissen vorwärts. Ein reines Gewissen ist ein großer Schatz den man haben kann.

John Wesley und andere legen die Jakobus-Schriftstelle so aus, dass wir einander unsere Sünden bekennen sollen, „egal ob wir krank oder gesund sind" (falls jemand glaubt, dass das Bekennen der Sünden in Jakobus 5,16 sich nur auf körperlich Kranke bezieht, was meiner Meinung nach nicht so ist).

Zu Lebzeiten von John Wesley waren methodistische Kleingruppen das Herz der methodistischen Bewegung. In diesen

Kleingruppen, die zur Jüngerschaftsschulung genutzt wurden, waren die Mitglieder voreinander rechenschaftspflichtig. Sie bekannten einander ihre Fehler, beteten füreinander und ermutigten sich gegenseitig zur Liebe und zu guten Werken. Die Lehren der Bibel wurden im Licht der persönlichen Erfahrungen untersucht, und Leiter wurden trainiert und ausgerüstet. Diese Kleingruppen hatten das Ziel, die Anweisungen Gottes „Bekennt einander eure Übertretungen und betet füreinander, damit ihr geheilt werdet" und „Einer trage des andern Last, so werdet ihr das Gesetz Christi erfüllen" praktisch umzusetzen.

Zeigen Sie mir eine Gemeinde, wo dies immer noch gelebt und praktiziert wird. Ich verspreche Ihnen, dass der Geist der Erweckung sehr stark auf solch einer Gemeinde ruhen würde und eine echte Bewegung Gottes unvermeidbar wäre. Keinesfalls will ich damit eine Form von Gesetzlichkeit empfehlen. Ich bin mir auch der Tatsache bewusst, dass einige von Ihnen starke Christen sind, die in der Freiheit leben, die Christus für Sie erkauft hat. Für John Wesley, den einige als einen der größten Erweckungsprediger der Geschichte betrachten, bedeutete dies „im Licht wandeln". Wir können von denen lernen, die uns vorausgegangen sind und ein großes Werk im Namen Gottes getan haben.

Wenn wir aber im Licht wandeln, wie er im Licht ist, so haben wir Gemeinschaft miteinander, und das Blut Jesu Christi, seines Sohnes, reinigt uns von aller Sünde. (1. Johannes 1,7)

DEM TEUFEL KEINEN RAUM GEBEN

(Ihr seid in Ihm gelehrt worden,) dass ihr, was den früheren Wandel betrifft, den alten Menschen abgelegt habt, der sich wegen der betrügerischen Begierden

verderbte, dagegen erneuert werdet im Geist eurer Gesinnung und den neuen Menschen angezogen habt, der Gott entsprechend geschaffen ist in wahrhafter Gerechtigkeit und Heiligkeit. Darum legt die Lüge ab und »redet die Wahrheit, jeder mit seinem Nächsten«, denn wir sind untereinander Glieder. Zürnt ihr, so sündigt nicht; die Sonne gehe nicht unter über eurem Zorn! Gebt auch nicht Raum dem Teufel! (Epheser 4,22-27)

Einmal diente ich auf einer größeren Konferenz in Europa. Als ich einen Altaraufruf machte, war die Kraft Gottes plötzlich ganz stark im Raum zu spüren. Viele kamen nach vorn, um ihr Leben vor Gott in Ordnung zu bringen. Andere bekannten ihre Sünden vor den Mitarbeitern meines Ministry-Teams. Ein Mann hatte seit Jahren Probleme mit Homosexualität. Der Herr berührte ihn, als er bereitwillig sein Herz öffnete und mein Freund diesem kostbaren Mann die Liebe und Barmherzigkeit Gottes zeigte.

Während ich für die Menschen betete, kam plötzlich ein kleiner Junge zu mir. Ich erfuhr, dass er „Benny" hieß und 13 Jahre alt war. Als ich ihn fragte, für was ich beten soll, antwortete er mit gesenktem Kopf, dass er seit rund 6 Monaten kifft und jetzt nicht mehr davon loskommt. Sofort spürte ich die Liebe Gottes für diesen Jungen. Ich war so froh, dass er gekommen war! Ich umarmte ihn und betete für ihn. Gott schenkte mir spezifische prophetische Einsichten in sein Leben. Danach sagte ich ihm, er solle mit seinem Pastor und seinen Eltern oder mit Freunden reden, denen er vertrauen kann. Außerdem zeigte ich ihm, wie wichtig es ist, vor anderen Rechenschaft abzulegen.

Ich bin überzeugt, dass Benny einen wichtigen Schritt ging, um von der Sünde frei zu werden. Er wartete nicht noch ein paar Jahre, denn bis dahin hätte der Feind schon ein starkes Bollwerk in seinem Leben aufgebaut. Leider passiert das immer wieder. Jemand hat ein großes Problem und räumt es nie richtig aus seinem Leben aus. Diesen Zugang nutzt dann der Feind, um diesen Menschen von seiner Bestimmung abzuhalten. Vielleicht dachte er, dass die Sünde kein großes Problem ist, weil der Pastor nie darüber sprach. Vielleicht ist auch das Gegenteil der Fall, dass nur über Sünde gesprochen wird, aber die Kraft zur Veränderung fehlt.

> Habt acht, ihr Brüder, dass nicht in einem von euch ein böses, ungläubiges Herz sei, das im Begriff ist, von dem lebendigen Gott abzufallen! Ermahnt einander vielmehr jeden Tag, solange es »Heute« heißt, damit nicht jemand unter euch verstockt wird durch den Betrug der Sünde! (Hebräer 3,12-13)

Beachten Sie die letzten vier Worte im Vers 13: „den Betrug der Sünde". Paulus ermahnte die Gemeinde in seinem Brief an die Hebräer, sich vor einem bösen Herzen des Unglaubens in Acht zu nehmen.

Das böse Herz führt dazu, dass sie von Gott abfallen. Diese Warnung geht wohlgemerkt an die Christen, nicht an die Verlorenen. Er sagt uns, dass wir einander jeden Tag ermahnen sollen, damit niemand durch den Betrug der Sünde verhärtet werde. Sünde ist voller Betrug! Wir werden so schnell getäuscht und denken, Sünde ist nicht so schlimm. Es gibt auch viele Predigten, die Sünde herunterspielen. Sünde kann man nicht leicht nehmen. Warum? Weil sie Jesus Christus das Leben kostete. Wir müssen Sünden immer hassen und das nicht nur weil sie nicht gut für uns sind, sondern weil Jesus dafür leiden musste.

Durch den Betrug der Sünde wird das Herz hart, und Christen bekommen ein „böses Herz des Unglaubens". Satan flüstert uns zu: „Es ist nicht so schlimm, es macht überhaupt nichts und hat keine Auswirkung." Wenn wir dann sündigen, kommt er mit Verdammnis: „Schau dich mal an, du Versager, du wirst es nie in den Himmel schaffen. Warum hörst du nicht gleich auf, Gott zu dienen, Er kann dich sowieso nicht mehr lieben. Du hast es vermasselt und bist einfach zu nichts zu gebrauchen!"

Wenn Sie Sünde in Ihrem Leben haben, verdammt Gott Sie nicht. Er liebt Sie und will Sie heilen. Nichts, was wir je getan haben, disqualifiziert uns vom Blut Jesu. Die Sünde einzugestehen, kann der erste Schritt für Ihren Durchbruch sein.

Im Licht zu wandeln, heißt, völlig von IHM eingenommen zu sein, und bringt wahre Zuversicht in unserem Leben hervor.

Gott formt uns voller Geduld in das Bild Jesu, wenn wir Sein Wirken in unserem Leben zulassen und unseren Teil des Prozesses tun. Lassen Sie sich von Ihm zeigen, welche Schritte Sie gehen sollen.

FÜR DIE EWIGKEIT LEBEN

Wir sind so sehr auf das irdische Leben fixiert und leben zu sehr in der Zeit. Was wir brauchen, ist ein Ewigkeitsbewusstsein. Wie würde ein Christ leben, wenn er wüsste, dass sein ganzes Handeln, jeder einzelne Schritt und jede Entscheidung Einfluss auf die Ewigkeit haben?

Jeder möchte nur die Segnungen des Kreuzes erleben, aber niemand möchte gekreuzigt werden. Jeder möchte in den Himmel, aber niemand möchte sterben. Jeder möchte, dass Jesus ihn verändert, aber niemand möchte sich selbst sterben.[10] Die Realität ist, dass sich selbst zu sterben ein Prozess sein kann und ist. Es wird für die bitter, die nicht anerkennen, dass Gott immer noch in ihnen wirkt, weil unser Stolz uns vom Wachsen abhalten kann. Das Gute ist jedoch, dass wir bei Gott von Anfang an angenommen sind.

Darum, meine Geliebten, wie ihr allezeit gehorsam

gewesen seid, nicht allein in meiner Gegenwart, sondern jetzt noch viel mehr in meiner Abwesenheit, verwirklicht eure Rettung mit Furcht und Zittern; denn Gott ist es, der in euch sowohl das Wollen als auch das Vollbringen wirkt nach seinem Wohlgefallen. Tut alles ohne Murren und Bedenken, damit ihr unsträflich und lauter seid, untadelige Kinder Gottes inmitten eines verdrehten und verkehrten Geschlechts, unter welchem ihr leuchtet als Lichter in der Welt, indem ihr das Wort des Lebens darbietet, mir zum Ruhm am Tag des Christus, dass ich nicht vergeblich gelaufen bin, noch vergeblich gearbeitet habe. (Philipper 2,12-16)

Es muss unsere höchste Priorität bleiben, ein Leben zu leben, das Gott gefällt. Wenn wir uns darum kümmern, Ihn zu ehren, wird Er sich darum kümmern, uns in unsere Bestimmung zu führen.

Dies ist so wahr. Oft sind wir so sehr damit beschäftigt, was wir für Gott tun und erreichen wollen, um dann ernüchtert festzustellen, dass Gott andere Dinge wichtig sind, unser Leben zum Beispiel.

Ebenso ihr Jüngeren, ordnet euch den Ältesten unter; ihr alle sollt euch gegenseitig unterordnen und mit Demut bekleiden! Denn »Gott widersteht den Hochmütigen; den Demütigen aber gibt er Gnade«. So demütigt euch nun unter die gewaltige Hand Gottes, damit er euch erhöhe zu seiner Zeit! Alle eure Sorge werft auf ihn; denn er sorgt für euch. (1. Petrus 5,5-7)

Ich bin zu dem Schluss gekommen, dass wir unsere Motivation, für Jesus zu brennen, nicht verlieren, wenn wir unsere Augen auf das Kommende richten. Das meinte ich am Anfang dieses Kapitels, als ich schrieb: „Wir sind so auf das irdische Leben fixiert." Wir denken nicht oft an den Lohn.

Muhammad Ali, der vielleicht beste Boxer aller Zeiten, sagte einmal über sein intensives Training und seine Vorbereitung auf einen Kampf: „Ich hasste jede Minute des Trainings, doch ich sagte mir: ‚Nicht aufgeben. Lieber jetzt leiden und den Rest des Lebens als Champion leben.‘" Während seines anstrengenden Trainings sah er die Siegeskrone, die er bald erhalten würde.

Nach dem Tod wird jeder entsprechend seinem Leben hier auf der Erde gerichtet. Wir Christen können Schwierigkeiten, Versuchungen und Probleme einfacher ertragen, wenn wir sehen, dass es sich lohnt. Die Bibel unterscheidet ganz klar zwischen zwei Arten von Gericht:

DAS GERICHT VOR DEM GROSSEN WEISSEN THRON

Und ich sah einen großen weißen Thron und den, der darauf saß; vor seinem Angesicht flohen die Erde und der Himmel, und es wurde kein Platz für sie gefunden. Und ich sah die Toten, Kleine und Große, vor Gott stehen, und es wurden Bücher geöffnet, und ein anderes Buch wurde geöffnet, das ist das Buch des Lebens; und die Toten wurden gerichtet gemäß ihren Werken, entsprechend dem, was in den Büchern geschrieben stand. Und das Meer gab die Toten heraus, die in ihm waren, und der Tod und das Totenreich gaben die Toten heraus, die in ihnen waren; und sie wurden gerichtet, ein jeder nach seinen Werken. Und der Tod und das Totenreich wurden in den Feuersee geworfen. Das ist der zweite Tod. Und wenn jemand nicht im Buch des Lebens eingeschrieben gefunden wurde, so wurde er in den Feuersee geworfen. (Offenbarung 20,11-15)

Was die Bibel als das „Gericht vor dem großen weißen Thron"

bezeichnet, ist das Gericht, das auf die Verlorenen zukommt. Es steht hier, dass die Menschen „gemäß ihren Werken" gerichtet werden ...

Ich weiß noch, wie ich mich früher vor Gericht für meine Straftaten verantworten musste. Der Richter liest vor, um was es geht; dann wurde ich gemäß meinen Taten verurteilt. In der Ewigkeit ist das nicht anders. Sünde kann nur durch das Blut Jesu vergeben werden. Das dürfen wir niemals vergessen. Die Menschen, die vor dem großen weißen Thron erscheinen müssen, sind diejenigen, die das Blut Jesu während ihres Lebens nicht in Anspruch genommen haben, die Jesus nicht zu ihrem Herrn und Retter gemacht haben, um durch die Kraft des Heiligen Geistes gereinigt und erneuert zu werden.

Es gibt nur einen Weg, der ewige Rettung bringt. Wenn Sie dies lesen und den Herrn lieben, setzen Sie sich zum Ziel, andere Menschen zu den Füßen Jesu zu führen oder diejenigen zu unterstützen, die das tun.

DER RICHTERSTUHL CHRISTI

Du aber, was richtest du deinen Bruder? Oder du, was verachtest du deinen Bruder? Wir werden ja alle vor dem Richterstuhl des Christus erscheinen; denn es steht geschrieben: »So wahr ich lebe, spricht der Herr: Mir soll sich jedes Knie beugen, und jede Zunge wird Gott bekennen«. So wird also jeder von uns für sich selbst Gott Rechenschaft geben. (Römer 14,10-12)

Denn wir alle müssen vor dem Richterstuhl des Christus offenbar werden, damit jeder das empfängt, was er durch den Leib gewirkt hat, es sei gut oder böse. (2. Korinther 5,10)

Aus dem Zusammenhang wird klar, dass sich beide Schriftstellen auf Christen beziehen, nicht auf Ungläubige. Der Richterstuhl Christi ist deshalb für Gläubige, die vor Christus Rechenschaft für ihr Leben geben.[11] Hier geht es nicht um Errettung, denn diese wurde durch das Opfer Jesu an unserer Stelle (1. Johannes 2,2) und durch unseren Glauben an Ihn (Johannes 3,16) abschließend geklärt.

Alle unsere Sünden sind vergeben, und wir werden nie dafür verurteilt werden (Römer 8,1). Wir sollten den Richterstuhl Christi nicht als Verurteilung für unsere Sünden, sondern als Belohnung für unser Leben sehen. Wir müssen Rechenschaft für unser Leben abgeben. Teilweise geht es bestimmt auch um Sünden, die wir getan haben. Jedoch wird dies nicht das Hauptaugenmerk des Richterstuhls Christi sein.

Die Bibel spricht davon, dass Gläubige „Kronen" für verschiedene Dinge bekommen, je nachdem wie treu sie Christus gedient haben. (1. Korinther 9,24-27; 2. Timotheus 2,5) Unter anderem werden wir danach beurteilt, inwieweit wir den großen Missionsbefehl erfüllt haben (Matthäus 28,18-20) oder wie gut wir unsere Zunge unter Kontrolle hatten (Jakobus 3,1-9). Jakobus 1,12 ist eine gute Zusammenfassung dafür, wie wir den Richterstuhl Christi sehen sollten: „Glückselig ist der Mann, der die Anfechtung erduldet; denn nachdem er sich bewährt hat, wird er die Krone des Lebens empfangen, welche der Herr denen verheißen hat, die ihn lieben."

Wenn ich an den Richterstuhl Christi denke, habe ich keine Angst. Im Gegenteil: Ich freue mich darauf und werde motiviert. Genau das haben einige verloren. Sie wissen nicht, was auf sie zukommt. Sie haben keine Offenbarung darüber, dass es ein Gericht mit einer Belohnung geben wird. Ich weiß nicht, wie es Ihnen geht, aber ich möchte da oben eine richtig schöne Krone bekommen. Nicht nur das, ich wünsche mir auch eine Wohnung ganz in der Nähe von Jesus oder vielleicht sogar meine eigene Villa mit Privatstrand und Wellness-Bereich.

Deshalb gebe ich alles in diesem Lauf, denn ich lebe nicht für heute. Ich lebe für die Ewigkeit.

Sammelt euch vielmehr Schätze im Himmel, wo weder die Motten noch der Rost sie fressen und wo die Diebe nicht nachgraben und stehlen! (Matthäus 6,20)

Wir dürfen nie vergessen, dass wir auf der Durchreise sind. Dies hier ist nur ein winziger Abschnitt der Ewigkeit, der „Zeit und Raum" genannt wird, um unsere Herzen auf die Herrlichkeit Gottes vorzubereiten, die uns erwartet. Unsere Herzen sollten nicht zu sehr an dieser Erde hängen, denn wir sind hier nur für kurze Zeit zuhause, auch wenn wir das vielleicht nicht wollen. Ich bin überzeugt, dass wir nach unserer Ankunft im Himmel die Herrlichkeit Gottes immer mehr erkennen und verstehen, und denke nicht, dass wir alles auf einmal erfassen. Unsere Ankunft im Himmel ist erst der Anfang!

DER HINGEGEBENE ZUSTAND DES MENSCHLICHEN WILLENS

„Leider wollen die Menschen lieber Gott Anweisungen geben, statt Seine Anweisungen auszuführen." - Madame Guyon

Der Mensch besteht aus Körper, Seele und Geist. Auch wenn wir in Sünde geboren wurden, können wir hier auf der Erde Jesus als Herrn und Retter annehmen.

Allen aber, die ihn aufnahmen, denen gab er das Anrecht, Kinder Gottes zu werden, denen, die an seinen Namen glauben. (Johannes 1,12)

Wenn jemand Jesus akzeptiert, wird sein Geist in einem Augenblick neu geschaffen. Er ist jetzt eine neue Schöpfung.

Darum: Ist jemand in Christus, so ist er eine neue Schöpfung; das Alte ist vergangen; siehe, es ist alles neu geworden. (2. Korinther 5,17)

Das ist das allergrößte Wunder! Durch diese geistliche Wiedergeburt verlässt ein Mensch das Reich der Finsternis und tritt in das Reich des Sohnes Gottes ein.

Wenn dieser Mensch jetzt zulässt, dass sein Geist vom Wort Gottes regiert wird, bringt er die Frucht der Gerechtigkeit hervor. Das geschriebene Wort (die Bibel) darf nie vom lebendigen Wort (Jesus) getrennt werden. Sie sind eins. Jeder Christ, der etwas Wertvolles in diesem Leben erreichen will, sollte sich strikt an das Wort Gottes halten.

Denn dies alles hat meine Hand gemacht, und so ist dies alles geworden, spricht der Herr. Ich will aber den ansehen, der demütig und zerbrochenen Geistes ist und der zittert vor meinem Wort. (Jesaja 66,2)

Sie sollten so leben, dass Ihre Seele völlig der Herrschaft Jesu untergeordnet ist und Ihr Geist vom Wort Gottes geleitet wird. Dann kann Seine Gnade etwas durch Ihr Leben bewirken, was die Welt als unmöglich bezeichnet.

Gewöhne den Knaben an den Weg, den er gehen soll, so wird er nicht davon weichen, wenn er alt wird. (Sprüche 22,6)

Als Kinder Gottes können wir genau in den Wegen wandeln, die Gott uns vorgibt. Mit Jesus haben wir alles empfangen.

Er, der sogar seinen eigenen Sohn nicht verschont hat, sondern ihn für uns alle dahingegeben hat, wie sollte er uns mit ihm nicht auch alles schenken? (Römer 8,32)

Was machen wir damit? Unsere eigenen Entscheidungen haben große Auswirkungen. Ich kann mein ganzes Leben mit einer Entscheidung, mit einer Willenshandlung zum Guten oder Schlechten ändern. Wir müssen unseren Willen Gott völlig ausliefern und ihn trainieren, das Richtige zu tun.

(Gott) der jedem vergelten wird nach seinen Werken: denen nämlich, die mit Ausdauer im Wirken des Guten Herrlichkeit, Ehre und Unvergänglichkeit erstreben, ewiges Leben; denen aber, die selbstsüchtig und der Wahrheit ungehorsam sind, dagegen der Ungerechtigkeit gehorchen, Grimm und Zorn! (Römer 2,6-8)

BEREIT FÜR DEN HERRN

Jesus kann jeden Augenblick kommen, so wie Er es gesagt hat. Das dürfen Sie niemals vergessen. Dies sollte uns motivieren, aufrichtig vor dem Herrn zu leben. Es gibt nur einen Grund, warum der Herr noch nicht zurückgekommen ist: Jesus verzögert Sein Kommen, weil Er will, dass alle gerettet werden (2. Petrus 3,9). Ob unsere Eschatologie (= Lehre von den letzten Dingen und der Endzeit) von Verbesserung der Welt oder Verschlimmerung der Welt spricht, spielt dabei keine große Rolle. Es ist sehr einfach: Wenn wir das Evangelium predigen und Menschen zu Jüngern machen, kann und wird vieles besser werden, wenn nicht, wird es nur noch schlimmer.

Paulus lebte in dem ständigen Bewusstsein, dass er seinem Meister jederzeit gegenübertreten kann. Dadurch wurde er nicht faul, sondern im Gegenteil: Er hatte dieses dringende Verlangen, so hart wie möglich zu arbeiten, solange noch Zeit dazu war. Paulus hatte auch sehr wenig Menschenfurcht. Wenn Sie Gott fürchten und vor Ihm knien, werden Sie Ihre Knie nicht vor einem anderen beugen.

Lieber Leser, ich bete, dass Sie eine neue Ehrfurcht vor einem heiligen Christus empfangen, denn das braucht diese Generation so sehr. Dabei dürfen wir auch nicht vergessen, dass Jesus hier auf der Erde als Mensch wandelte, jetzt aber einen verherrlichten Körper hat. Wir sehen, was mit Johannes passierte, als der verherrlichte Herr, an dessen Brust er vorher gelehnt hatte, ihm im Buch der Offenbarung erschien.

Und ich wandte mich um und wollte nach der Stimme sehen, die mit mir redete; und als ich mich umwandte, da sah ich sieben goldene Leuchter, und mitten unter den sieben Leuchtern Einen, der einem Sohn des Menschen glich, bekleidet mit einem Gewand, das bis zu den Füßen reichte, und um die Brust gegürtet mit einem goldenen Gürtel. Sein Haupt aber und seine Haare waren weiß, wie weiße Wolle, wie Schnee; und seine Augen waren wie eine Feuerflamme, und seine Füße wie schimmerndes Erz, als glühten sie im Ofen, und seine Stimme wie das Rauschen vieler Wasser. Und er hatte in seiner rechten Hand sieben Sterne, und aus seinem Mund ging ein scharfes, zweischneidiges Schwert hervor; und sein Angesicht leuchtete wie die Sonne in ihrer Kraft. Und als ich ihn sah, fiel ich zu seinen Füßen nieder wie tot. Und er legte seine rechte Hand auf mich und sprach zu mir: Fürchte dich nicht! Ich bin der Erste und der Letzte und der Lebende; und ich war tot, und siehe, ich lebe von Ewigkeit zu Ewigkeit, Amen! Und ich habe die Schlüssel des Totenreiches und des Todes. (Offenbarung 1,12-18)

Leonard Ravenhill sagte einmal: „Wenn Sie Jesus sehen, würden Sie nicht zu Ihm gehen und sagen: ‚Hey Kumpel, ich freue mich, dass du für mich gestorben bist.‘ Sie werden fast gelähmt sein vor Furcht, es sei denn, Sie haben einen verherrlichten Körper und einen verherrlichten Sinn.“

Ich glaube, dass das stimmt. Gott ist wunderbar, freundlich, voller Liebe und sanftmütig. Doch Er ist auch der siegreiche Sohn Gottes, der die Heiligkeit des Vaters ausstrahlt, die alle Finsternis durchdringt und vor dem alle Seine Feinde zittern und zu Boden fallen. Dieser Gott möchte uns einladen, eine ganz innige Gemeinschaft mit Ihm zu haben und Ihn zu kennen, wie Er wirklich ist. Das ist das höchste Ziel im Leben.

FRAGEN ZUM NACHDENKEN

1. Haben Sie Ihrer Meinung nach die Furcht Gottes verloren? Oder haben Sie eine falsche Vorstellung von der Furcht des Herrn? Nehmen Sie sich Zeit, Ihn zu suchen, und bitten Sie Ihn, diesen ehrerbietigen Respekt, diese erste Liebe, Ehrfurcht und Ehrerbietung Gott gegenüber wiederherzustellen.

2. Inwiefern spielt Ihrer Meinung nach die Furcht des Herrn eine Rolle, um Menschen mit dem Evangelium zu erreichen? Was ist der Unterschied zwischen der Furcht des Herrn und der Menschenfurcht? Wie beeinflussen diese zwei Arten von Furcht unser Leben?

7

VERGESSEN SIE NICHT, WER SIE SIND

Ich las eine Geschichte über den König Richard Löwenherz. Er verteidigte England so erfolgreich, dass er dafür bekannt war, dass er immer gewann. Eines Tages war er jedoch im Kampf unterlegen, als sich mehrere andere europäische Nationen gegen ihn vereinten.

Der König hatte einen sehr treuen Diener, der immer neben ihm ritt und von den ständigen Siegen seines Königs begeistert war.

In diesem speziellen Kampf waren die Chancen für König Richard Löwenherz jedoch so verschwindend klein, dass er zum ersten Mal in seiner großartigen Karriere zum Rückzug aufrief. Sein Diener konnte diesen Anblick nicht fassen. Als er auf seinem Pferd neben König Richard ritt, dachte er an all die Kämpfe, in denen der König die englische Armee so tapfer zu unglaublichen Siegen geführt hatte. Jetzt drohte eine kleine, bedrückende, frustrierende Niederlage.

Für den treuen Diener war eine Niederlage von König Richard Löwenherz mehr, als er ertragen konnte. Der Überlieferung nach lenkte der Diener sein Pferd genau neben das des Königs und rief: „König Richard, vergiss nicht, wer du bist!"

Diese Worte drangen in das Herz des Königs, und plötzlich befahl er dem Signalhornbläser, das Signal für das Ende des Rückzugs zu geben. Dann erschallte der etwas kühne Befehl: „vorrücken und einnehmen".

Der Geschichte zufolge konnte Richard Löwenherz die vereinigten Armeen zurückdrängen, weil er plötzlich daran denken musste, wer er war – ein mächtiger Eroberer, ein König, der keine Niederlage kannte oder akzeptierte.

Manchmal versucht die Vernunft den Platz der Offenbarung einzunehmen. Wenn es manchmal so aussieht, als ob wir den Kampf verlieren, brauchen wir Menschen um uns, die uns daran erinnern, wer wir sind und was Gott in uns hineingelegt hat. Vielleicht sind es nicht immer die Menschen, die Ihnen immer mit ihren Lippen zustimmen, sondern diejenigen, die schon immer neben Ihnen geritten sind und die Sie mit großer Freude und ohne Eifersucht bei Ihren größten Siegen beobachtet haben.

Wenn der Teufel versucht, uns aufzuhalten, erschallt der Befehl „vorrücken und einnehmen". Wenn Menschen versuchen, uns aufzuhalten, erschallt der Befehl „vorrücken und einnehmen".

Wenn alles um uns herum zerfällt und wir scheinbar den Kampf verlieren, wird sich unser Fundament, das wir über Jahre mit dem Herrn in unserem Gebetskämmerlein gelegt haben, bewähren, und wir werden die Weisheit haben, um vorwärtszugehen und das Land einzunehmen.

Lassen Sie nicht zu, dass irgendetwas zwischen Ihnen und dem Herrn steht. Machen Sie sich keine Gedanken über den Teufel, denn er ist schon längst ausgeschieden. Doch stellen Sie sicher, dass Sie Ihre Beziehung zum Herrn schätzen. Er wird Sie niemals verlassen noch aufgeben. Wenn Sie sündigen, verstoßen Sie gegen das Gebot der Liebe, das Christus uns gegeben hat. Wenn Sie umkehren und wieder in die Gemeinschaft mit dem Herrn zurückkommen, ist es so, als ob Sie nie gesündigt haben.

Vor nicht allzu langer Zeit dachte ich in der Nacht über Gottes Wort nach. Ich war erfüllt mit den Gedanken, dass Gott jedes kleinste Detail über unser Leben kennt. Vor kurzem predigte ich in einer Gemeinde. Auf dem Nachhauseweg traf ich eine Frau, der ich von Jesus erzählte. Sie sagte mir, dass sie gerade Geburtstag hatte, aber niemand ihr gratulierte oder ein

Geschenk gegeben habe. Glücklicherweise konnte ich ihr ein Geschenk geben – ewiges Leben. Sie betete, um Jesus in ihr Herz aufzunehmen.

Ich führte Menschen zu Jesus, die sich gerade umbringen wollten. Ich selbst wurde errettet, als ich kurz vor dem Gefängnis stand. Gott war für mich immer so, Er liebt einfach die schmutzigen, kaputten und vergessenen Sünder.

Gott ist mehr an der Rettung der Seele eines Menschen interessiert als an allen unseren Projekten, Organisationen und Diensten zusammen. Es ärgert mich immer noch und wird mich immer ärgern, wenn ich mit Dienern Gottes rede und sie nur mir ihrer eigenen Vision oder ihren Plänen, Strukturen oder Bewegungen beschäftigt sind. Wenn ich die Gnade dazu verspüre, spreche ich sie auch darauf an. Sie sind so in der Arbeit gefangen, dass sie das Wichtigste verpassen und sie das letzte Mal vor Jahren oder Jahrzehnten über verlorene Menschen geweint haben. Mögen wir niemals unser Staunen über das Evangelium verlieren!

Dieser Jesus, die Hauptfigur des wunderbaren Evangeliums, ist derjenige, der Sein Leben mit Ihnen verbringen und alles mit Ihnen teilen möchte, was Er hat.

Wir leben in einer Welt, in der das Böse nicht nur zugelassen, sondern sogar gefördert wird. Der Feind hat seine Hände in den Medien, der Technologie und den Regierungen, und bietet seinen Dämonen den perfekten Spielplatz, um die Menschen hin- und herzutreiben. Es gibt solche, die vom Teufel so gebunden sind, dass sie ihren schrecklichen Zustand überhaupt nicht erkennen. Dank sei Gott, das kann sich ändern. Dann gibt es solche, die gern frei werden wollen und sich ein wirklich erfülltes Leben wünschen, aber nicht wissen wie. Wir haben einen Auftrag erhalten. Der Auftrag ist, das Evangelium zu predigen und Menschen zu Jüngern zu machen. Der Auftrag ist, Jesus der Welt zu zeigen.

Vielleicht sind Sie entmutigt. Vielleicht haben Sie Ihr Bestes gegeben, aber Sie fühlen sich unwichtig und denken, dass Sie niemals einen Unterschied in dieser Welt bewirken können. Kommen Sie wieder zurück. Sie können und werden einen Unterschied bewirken!

Es gibt eine Geschichte von einem jungen Mann, der in einer kleinen Stadt im Football-Team der Schule spielte. Er war der beste Spieler der ganzen Schule und alle bewunderten ihn. Leider war er nicht sehr groß. Als er sich bei allen größeren Colleges bewarb, lehnten sie ihn aufgrund seiner Körpergröße ab. Das entmutigte ihn so sehr, dass er seinen Traum, einmal ein Profi-Footballer zu sein, aufgab. Er fing an, für einen Pizza-Lieferservice zu arbeiten. Eines Tages klingelte er mit einer Pizza in der Hand an einer Tür, als ihm ein kleiner Junge öffnete. Dieser schaute ihn an und fragte: „Wirklich? Du lieferst Pizzas aus?" Natürlich ist es nicht falsch, Pizzas auszuliefern. Doch der kleine Junge erinnerte ihn, wie gut er doch im Football war, und war der Meinung, dass das Ausliefern von Pizzas überhaupt nicht zu ihm passte. Durch diese Begegnung fing der junge Mann an, zu überlegen. Er entschloss sich, wieder anzufangen, und trainierte jenen Sommer so hart wie noch nie zuvor. Schließlich wurde er von einem College angenommen und ist heute ein Profi-Spieler in der NFL (National-Football-Liga).

Ihre Identität zu kennen heißt, sich in IHM zu finden. Wir wissen, dass Gott uns errettet und uns berufen hat. Der Geist, der Jesus von den Toten auferweckt hat, lebt in uns, und es gibt absolut keinen Grund, unter unserer Bestimmung zu leben.

Wir sind das Salz der Erde und das Licht der Welt. Christen sollten richtig stark sein. Warum? Weil Gott in uns wirkt, und der Heilige Geist den Motor antreibt, nicht weil wir so toll sind. Schauen wir uns an, was Jesus dazu sagte:

Ihr seid das Salz der Erde. Wenn aber das Salz fade wird, womit soll es wieder salzig gemacht werden? Es taugt zu nichts mehr, als dass es hinausgeworfen und von den Leuten zertreten wird. Ihr seid das Licht der Welt. Es kann eine Stadt, die auf einem Berg liegt, nicht verborgen bleiben. Man zündet auch nicht ein Licht an und setzt es unter den Scheffel, sondern auf den Leuchter; so leuchtet es allen, die im Haus sind. So soll euer Licht leuchten vor den Leuten, dass sie eure guten Werke sehen und euren Vater im Himmel preisen. (Matthäus 5,13-16)

Das Salz sollte Würze haben. Das Licht sollte hell leuchten. Vergessen Sie nicht, wer Sie sind.

IDENTITÄTSKRISE

Während meiner Zeit als rechtsradikaler Skinhead war mein eigentliches Problem nicht, dass Adolf Hitler mein Vorbild war. Das eigentliche Problem war auch nicht die Gewalt. Auch nicht die Tatsache, dass ich meinen Kopf rasierte, zu viel Alkohol trank und ständig in Kämpfe verwickelt war. Das eigentliche Problem war, dass ich die Wahrheit verschleierte und nur vorgab, mein wahres Ich zu zeigen.

Ihr aber seid ein auserwähltes Geschlecht, ein königliches Priestertum, ein heiliges Volk, ein Volk des Eigentums, damit ihr die Tugenden dessen verkündet, der euch aus der Finsternis berufen hat zu seinem wunderbaren Licht — euch, die ihr einst nicht ein Volk wart, jetzt aber Gottes Volk seid, und einst nicht begnadigt wart, jetzt aber begnadigt seid. (1. Petrus 2,9-10)

Wir waren einst ein Nicht-Volk, jetzt sind wir aber das Volk Gottes. Eine andere Übersetzung formuliert es wie folgt: „Einst hatten wir keine Identität, jetzt aber haben wir eine Identität." [12]

Jemand, der den Herrn nicht wirklich kennt, kann alle Arten von Masken haben, um dahinter seine Schmerzen zu verstecken, ohne jemals zu entdecken, wer er wirklich ist. Für einige ist es Religion, für andere Erfolg. Für andere ist es vielleicht Alkohol. Für wieder andere Ruhm und Reichtum. Menschen tragen diese Masken, weil sie damit ihre Wunden verstecken können. Wir alle wollen etwas Bedeutendes tun und jemand sein.

Die gute Nachricht ist, dass für Jesus Status und Erfolg nicht zählen. Wenn Sie Ihn in Ihrem Leben haben, sind Sie bereits ein Jemand!

DIE SALBUNG IN UNS

Einmal sollte ich über Salbung lehren. Um mich darauf vorzubereiten, studierte ich das Thema erneut, um eine frische Perspektive zu bekommen. Dabei entdeckte ich ganz neu, dass die Salbung für uns als Gläubige des Neuen Bundes nicht vorrangig etwas ist, das von außen auf uns kommt, sondern von innen kultiviert werden sollte. Ich bin hundert Prozent für äußerliche Manifestationen, Händeauflegen oder die anderen Dinge, die wir im Dienst tun. Doch die innere Gemeinschaft mit dem Heiligen Geist in uns macht uns stabil und führt uns zu radikalem Gehorsam.

Der Herr zeigte mir weiter, dass **wir trocken, krank und sorglos werden, wenn wir das, was wir gelernt und gehört haben, nicht anwenden. Doch wenn wir es im Glauben anwenden, bleiben wir gesund, und es fließen Ströme lebendigen Wassers aus unserem Inneren, genau wie Jesus es verheißen hat.**

Ich glaube, dass viele Gläubige „überausgerüstet" sind. Sie wissen alles, was es zu wissen gibt, und dennoch sind sie frustriert, weil sie nichts davon weitergeben. **Glaube ist der Schlüssel, um die Salbung freizusetzen; die Hauptmanifestation der Salbung ist Liebe.**

Die Wahrheit ist: Sie sind gesalbt! Setzen Sie die Salbung Gottes frei und strecken Sie Ihre Hand zu einer verletzten Welt aus!

EIN HAUPTSCHLÜSSEL FÜR DEN WANDEL IN DER LIEBE

Ich glaube, dass die Christen vor allem dazu berufen sind, Gott zu kennen und in Liebe zu wandeln. Wir wissen, dass Gott Liebe ist, und jede Entscheidung, die Er trifft, entspringt Seiner Natur. Wir, die wir an Jesus Christus glauben, haben eine neue Natur. Wir haben Gottes Glaubensnatur in uns und auch Seine Liebesnatur in uns. Eine Person, die in Liebe lebt, ist auf jeder Ebene erfolgreich. Warum wandeln wir dann nicht immer genauso wie Jesus? Wie bereits gesagt, kann Jesus durch uns nur in dem Maß leben, in dem unser eigener Wille Seinem Willen untergeordnet ist. Wir finden Seinen Willen in Seinem Wort.

Ich glaube, ein Hauptschlüssel für einen Wandel in der Liebe ist ... die Bibel! Vielleicht überrascht Sie dies, deshalb will ich es erklären. Wir wissen alle, dass viel theologisches Wissen nicht unbedingt viel Gutes bewirkt. Wir kennen solche, die „aufgeblasen" sind, weil sie zu viel wissen. Doch davon rede ich nicht.

In der Liebe zu wandeln, hat viel damit zu tun, wie das Wort Gottes in unserem Leben funktioniert. Sie können alles wissen. Wenn Sie jedoch das Wissen nicht anwenden, nützt es Ihnen nichts. Sie können Seife haben, aber wenn Sie sie nicht verwenden, werden Sie nicht sauber. Sie können 20 Bibeln zu Hause haben und trotzdem nicht in Liebe leben.

Jakobus, ein Jünger von Jesus und Sein jüngerer Halbbruder, erklärt: „Seid aber Täter des Wortes und nicht bloß Hörer, die sich selbst betrügen" (Jakobus 1,22). Sie können jahrelang eine Bibelschule besuchen und trotzdem sich selbst betrügen, weil Sie das Wort Gottes nicht TUN. Es ist gut, das Wort Gottes in unserem Kopf zu haben, doch es sollte ein Teil unseres Lebens sein, in uns leben und durch uns wirken. Wenn wir mit dem Wort Gottes in der Gegenwart des Heiligen Geistes zu Gott kommen, kann es Christi Charakter, Seine Weisheit und Seine Kraft in uns hervorbringen. Es drängt uns, etwas zu tun und gemäß unserem Glauben zu leben.

Wer festen Herzens ist, dem bewahrst du Frieden; denn er verlässt sich auf dich. (Jesaja 26,3 Luther)

Praktisch gesehen hat der Wandel in der Liebe so viel damit zu tun, dass wir ganz vom Wort Gottes geleitet werden.

Ich bete, dass Sie die Bibel heute wieder in einem neuen Licht sehen. Nehmen Sie das Buch, gehen Sie zum Vater in der Gegenwart Gottes und bitten Sie Ihn, Sie mehr wie Jesus zu machen. Dann lesen Sie es, studieren es und TUN ES. Wenn Sie über Heilung lesen, suchen Sie nach Menschen, für die Sie beten können. Wenn Sie über Errettung lesen, erzählen Sie jemandem von Jesus. Wenn Sie über bedingungslose Liebe lesen, beten Sie für die Person, die etwas gegen Sie hat.

Es gibt Zeiten, in denen wir uns entmutigt fühlen. Dann müssen wir das weiter tun, was wir wissen, dass wir tun sollen. Warum? Weil unsere Augen dann wieder auf Jesus und auf andere gerichtet sind und Sorgen und Entmutigung verschwinden. Das Leben Gottes fließt kontinuierlich in Ihnen und durch Sie und gibt Ihnen Kraft.

Wenn Sie das tun, wozu Gott Sie berufen hat, und in der Ruhe Gottes handeln, dann werden Sie nicht ausbrennen. Jesus sagte, dass es Seine Speise ist, den Willen des Vaters zu tun (Johannes 4,34). Sie tun weiter das, was Er von Ihnen möchte, und die

Salbung fließt weiter und erweckt Sie jeden einzelnen Tag. Ich muss sagen, dass mein Feuer für Jesus heute viel stärker ist als vor 5 Jahren. Eine der größten Lügen des Feindes ist: „Mach langsamer, sonst machst du dich kaputt." Natürlich würde ich an Satans Stelle das Gleiche zu Gottes Dienern sagen. Meiner Meinung nach brennen Menschen oft deshalb aus, weil sie aufhören, das zu tun, wozu sie berufen sind, und sich außerhalb ihrer Gnade bewegen, nicht weil sie zu viel tun.

DIE STÜRME DES LEBENS

Wir wissen aber, dass denen, die Gott lieben, alle Dinge zum Besten dienen, denen, die nach dem Vorsatz berufen sind. (Römer 8,28)

Als ich noch ein Kind war, hatten meine Eltern viel zu Hause zu tun, sodass eine Frau namens Kathi oft auf mich aufpasste. Einige behaupten sogar, dass sie mich großzog.

Als junger Erwachsener hatte ich jahrelang nicht mehr an sie gedacht. Vor mehreren Monaten sprach der Herr zu mir, dass ich ihr Zeugnis geben soll. Zu der Zeit war ich sehr beschäftigt, sodass ich es vergaß. Kurz danach hörte ich, dass sie gestorben ist. Dann dachte ich wieder daran, dass der Herr wollte, dass ich ihr Zeugnis gebe. Ich ging in mein Zimmer, weinte heftig und war völlig zerbrochen vor Gott. Meine Welt fiel auseinander. Ich schrie zu Gott, mir zu vergeben, aber ich dachte wirklich, dass Gott mich nicht mehr auf diese Weise gebrauchen könnte.

In diesem Moment spürte ich, wie sich die Hand Gottes in Seiner Gnade und Barmherzigkeit auf mich legte und seitdem führte ich viele Menschen zu Jesus.

Wenn Gott Sie berufen hat, lässt Er Sie nicht mehr los. Egal, wie groß die Stürme sind, Er kann Sie durch sie hindurchführen. Wenn Sie gegen Ihn sündigen oder ungehorsam sind, kehren Sie schnell um zu Ihm. Er ist bereit, Ihnen zu vergeben und Sie wiederherzustellen und alle Schuld und Verdammnis wegzunehmen.

EINIGE WORTE ZUM SCHLUSS

Paulus wusste, wer er in Christus war. Er wurde mit einem hohen Preis erkauft. Jesus bezahlte mit dem Blut, um den schlimmsten Sünder wiederherzustellen. Sie werden niemals mehr lieben können, als wie Sie sich selbst sehen. Haben Sie kein schlechtes Bild von sich, denn damit würden Sie den beleidigen, der Sie geschaffen hat. Sie sind ein Kind des Allerhöchsten. Verstellen Sie sich nicht, egal vor wem Sie stehen. Wandeln Sie in Liebe. Die Liebe ist immer bereit, das Beste von jedem zu glauben.

Leben Sie im Glauben. Seien Sie ehrlich zu sich selbst und zu anderen. Lieben Sie den Herrn mit allem, was Sie sind.

Es gibt immer solche, die versuchen, Sie zu bremsen, solche, die Sie kritisieren oder Fehler bei Ihnen suchen. Vergeuden Sie ihre Zeit nicht damit. Laufen Sie Ihren Lauf.

Vergessen Sie nicht, dass wir um der Verlorenen willen hier auf der Erde sind. Zehn von zehn Menschen sterben. Ich habe ewiges Leben gefunden, deshalb kann ich nicht aufhören, von dem zu reden, was ich gesehen und gehört habe. Jeder, der nicht versteht, dass Gottes Hauptanliegen die Rettung der Menschheit ist, ist wirklich verblendet. Ich liebe, was Steve Hill oft sagte: „Das einzige, was im Himmel auf Sie wartet, ist das, was Sie vorher hochgeschickt haben." Das Herz des Herrn schlägt für die Menschen. Jemand, der voll des Heiligen Geistes ist, wird daran erkannt, dass er ein Zeuge der Liebe ist, nicht daran, dass er laut in Sprachen redet. Wenn es nur das laute Sprachengebet wäre, hätten die Jünger sehr geistlich ausgesehen, aber sie hätten sicherlich nicht die Welt auf den Kopf gestellt.

Sich zurückzuhalten, ist auch kein Erkennungszeichen eines geisterfüllten Menschen und sicherlich nicht sehr weise. Wissen Sie, was das Feuer Gottes für mich bedeutet: Ich stehe morgens auf und kann meinen Mund nicht halten. Ich muss jemandem von Jesus erzählen.

Es geht nicht um unser Ego oder unsere Dienste, sondern wir müssen zusammenarbeiten, um eine Welt zu erreichen, die dringend einen Retter braucht.

Wenn wir die Verlorenen erreichen wollen, brauchen wir Kühnheit, die vom Heiligen Geist kommt. Woher bekommen wir diese? In der Gegenwart Gottes! Er erinnert uns, wer in uns lebt – Jesus Christus, der Gesalbte, der Gottmensch, der nicht besiegt werden kann und der derselbe bleibt in alle Ewigkeit. Einmal diente ich ein Wochenende in einer Gemeinde in Deutschland. Kurz vor meiner Predigt sagte plötzlich der Lobpreisleiter: „Einige von euch fühlen sich heute nicht gut und machen sich deshalb Gedanken. Wenn der König der Könige in den Saal kommt: Was hat das mit dir oder deinen Gefühlen zu tun? Sind diese dann noch wichtig? Es geht nicht um unsere Gefühle." Ich wusste, dass dies ein Wort vom Herrn an diesem Abend war. Wir können Ihn anbeten, weil Er der ist, der Er ist, nicht weil wir uns danach fühlen. Wenn wir verstehen, wer Er ist, werden wir Ihn immer anbeten, weil Er würdig ist. Dabei geht es nicht einmal nur um das, was Er für uns tut oder in unserem Leben getan hat. Weil Er der ist, der Er ist, ist er würdig, alles Lob zu empfangen.

Dieser Jesus betet für uns. Im Moment übernimmt Er die Rolle unseres Fürsprechers. Stellen Sie sich vor, dass der Sohn Gottes für uns im Gebet eintritt. Als ich das zum ersten Mal sah, wuchs mein Glaube an Gott. Er tut diesen Fürbittedienst für alle, die Ihm gehören (1. Johannes 2,1).

Meine Mitstreiterin in Christus, Schwester Traude, sagte einmal: „Unser Dienst im Reich Gottes ist nur so viel wert wie unsere innige Gemeinschaft mit Gott."

Einmal hörte ich jemanden sagen: „Die erste Liebe ist die wichtigste Botschaft, die jemand predigen kann." Dem stimme ich zu. Wir lieben ihn, weil er uns zuerst geliebt hat (1. Johannes 4,19). Die erste Liebe bezieht sich auf die Zeit, als wir das erste Mal Seine Liebe zu uns erlebt haben, wodurch wir das erste Mal erkannt haben, dass wir für Ihn leben wollen. Wir sollten in dieser ersten Liebe bleiben. Viele Christen werden im Laufe der Jahre kalt gegenüber der Liebe Gottes. Sie vergessen dieses Brennen in ihren Herzen, das sie immer spürten, wenn sie nur an Seinen Namen dachten. Sie dachten, atmeten und aßen Jesus morgens, den ganzen Tag über, vor dem Schlafengehen. In der Nacht träumten sie von Jesus, aber jetzt ist das Christsein etwas geworden, das „sie tun", aber nicht leben. Wer wird sich wohl wegbewegt haben, wenn Sie sich nicht mehr so nah bei Gott fühlen wie vorher? Ich möchte Ihnen zum Schluss diese wunderbare Verheißung in Jakobus 4,8 geben: *„Naht euch zu Gott, so naht er sich zu euch!"*

... und wenn Er sich euch naht, wird Er alle Menschen zu sich ziehen.

Wenn wir Gott von ganzem Herzen suchen, wird Er sich von uns finden lassen und nur dann finden wir heraus, wer wir eigentlich selbst sind - weil wir in Ihm sind.

„Lasst uns nicht durch diese Welt gehen und leise in den Himmel gleiten, ohne vorher laut und lange für unseren Erlöser Jesus Christus in die Trompeten zu posaunen. Lasst es uns zum Ziel setzen, dass der Teufel in der Hölle einen Danksagungsgottesdienst abhalten wird, wenn er erfährt, dass wir das irdische Schlachtfeld verlassen haben.“

C. T. Studd

ANHANG

PRAKTISCHE TIPPS FÜR DIE PERSÖNLICHE EVANGELISATION

- Sie müssen wissen, dass Sie angenommen sind: Sie versuchen nicht, Gottes Bestätigung durch Ihre Glaubensschritte zu gewinnen. Sie gehen im Glauben hinaus, weil Sie ein geliebtes Kind Gottes sind. Betrachten Sie es als Privileg, ein Zeuge für Gott zu sein.

- Konzentrieren Sie sich auf die Liebe Gottes für die Menschen: Wenn Sie erkennen, dass Gott die Person, mit der Sie reden, von ganzem Herzen liebt, verschwindet jede Form von Menschenfurcht. Sie werden auch verstehen, dass es nicht um Sie geht. Wir brauchen keine Angst haben, denn es geht nicht um uns, sondern um Jesus und die Menschen.

- Treten Sie überzeugt auf: Schauen Sie den Menschen direkt in die Augen. Stellen Sie sich vor und seien Sie freundlich und liebevoll. Wenn Sie als sichere und überzeugte Person auftreten, merken die anderen, dass Sie an sich und das, was Sie vermitteln wollen, selbst glauben. Verschwenden Sie keine Zeit mit unnützen Informationen über Ihren Tag, sondern halten Sie sich an Ihren Auftrag.

- Gehen Sie Risiken ein! Tun Sie etwas, wo Sie als Idiot da stehen würden, wenn Gott nicht handelt. Machen Sie sich keine Sorgen! Andere werden um des Evangeliums willen getötet. Das Schlimmste, was den meisten von uns passieren kann, ist, dass wir ausgelacht werden. Jesus wurde auch verspottet, darüber müssen Sie sich also auch keine Gedanken machen.

- Legen Sie Ziele für sich fest: Nehmen Sie sich beispielsweise vor, jede Woche oder jeden Tag einem Menschen von Gottes Liebe zu erzählen. Dadurch entsteht schnell ein Lebensstil.

- Stellen Sie Fragen: Oft beginne ich ein Gespräch mit: „Was denken Sie, passiert nach dem Tod?" Oder: „Kennen Sie Jesus als Ihren Herrn und Retter?" Oder: „Hat Ihnen jemand schon einmal das Evangelium erklärt? Hat Ihnen jemand schon einmal gesagt, was es heißt, von neuem geboren zu sein?" Die letzte Frage ist besonders gut, da die Betonung mehr auf dem „jemand" liegt und nicht auf der Person, mit der Sie reden. Dann bekomme ich die eine oder andere Antwort. Ich stelle ganz klar, dass sie ohne Jesus verloren sind. Vertrauen Sie, dass Gott Ihre Worte bestätigt, wenn Sie das Evangelium ganz einfach erklären.

- Erklären Sie das Evangelium: Die Grundlagen des Evangeliums: 1. Zugeben, dass Sünde einen Menschen von Gott trennt. 2. Glauben, dass Jesus der Sohn Gottes ist und dass Er gestorben und wieder auferstanden ist. 3. Bekennen, dass Er der Herr ist, und allem absagen, was die Person von Gott getrennt hat.

- Diskutieren Sie nicht: Lassen Sie sich nicht auf lange Diskussionen über Religion ein, es sei denn, der Heilige Geist führt Sie in diese Richtung.

- Kennen Sie Schriftstellen: „Denn alle haben gesündigt und verfehlen die Herrlichkeit, die sie vor Gott haben sollten" (Römer 3,23).

„Allen aber, die ihn aufnahmen, denen gab er das Anrecht, Kinder Gottes zu werden, denen, die an seinen Namen glauben" (Johannes 1,12).

„Siehe, ich stehe vor der Tür und klopfe an. Wenn jemand meine Stimme hört und die Tür öffnet, so werde ich zu ihm hineingehen und das Mahl mit ihm essen und er mit mir" (Offenbarung 3,20).

Es gibt viele andere großartige Verheißungen über Errettung und Heilung. Diese können Sie den Menschen, denen Sie dienen, weitergeben oder während des Gesprächs darüber nachsinnen.

- Beten Sie für die Kranken: Halten Sie Ausschau nach Menschen, die Heilung brauchen könnten, und fragen Sie einfach, ob Sie für sie beten dürfen. Wenn sie zustimmen, gebrauchen Sie Ihre Autorität und befehlen Sie der Krankheit zu gehen. Bitten Sie die Person, sich zu testen, und fragen Sie, ob sie sich besser fühlt.

- Trainieren Sie, die Stimme Gottes zu hören: Beten Sie zusammen in einem Team und schreiben Sie Worte der Erkenntnis über das Aussehen von Menschen, Standorte, Krankheiten oder andere Dinge auf, für die sie Gebet brauchen könnten. Schreiben Sie diese Hinweise auf einen Zettel, den Sie mitnehmen, und versuchen Sie, diese Menschen zu finden. Wenn Sie die Person finden, sprechen Sie sie an und fragen Sie, ob diese Hinweise auf sie zutreffen. Diese Art von Evangelisieren macht sehr viel Spaß!

- Bringen Sie diese Person mit anderen in Kontakt: Wenn möglich mit einer Gemeinde oder einer anderen Form von Gemeinschaft. In vielen Fällen hatte ich den Eindruck, persönlich mit einer Person in Kontakt zu bleiben. Versuchen Sie, sich vom Geist Gottes leiten zu lassen.

- Feiern Sie die Siege: Seien Sie nicht zu hart mit sich selbst, sondern genießen Sie es. Sie müssen wissen, dass Gott wirklich stolz auf Sie ist, weil Sie bereit sind, das Risiko einzugehen und im Glauben hinauszugehen, selbst wenn manches nicht funktioniert. Vielleicht wird die Person, mit der Sie reden, nie wieder etwas über Jesus hören. Ich glaube, wir werden im Himmel überrascht sein, wenn wir sehen, wie viele Menschen in den Himmel gekommen sind, weil wir ihnen von Jesus erzählt haben.

ENDNOTEN

1   Widmung: Steve Hill war ein amerikanischer Evangelist, der als Apostel und Prophet von Jesus Christus in zwei großen Erweckungen von Gott mächtig gebraucht wurde: in der argentinischen Erweckung und der Brownsville-Erweckung (Pensacola, Florida). Steve Hill widmete sein Leben der Verkündigung des Evangeliums von Jesus Christus auf der ganzen Welt. Seine Leidenschaft, den verlorenen Menschen zu helfen, und sein Verlangen nach einer echten, von Gott gewirkten Erweckung wurden nach Jahren als Missionar, Gemeindegründer und Evangelist nur noch stärker. Von 1995 bis 2000 diente Steve Hill als Evangelist in der Brownsville-Erweckung in Pensacola, Florida. Während dieser unglaublichen Zeit, über die auch in den Medien umfassend berichtet wurde, besuchten über 4 Millionen Menschen die Brownsville Assembly of God-Gemeinde. Auf der ganzen Welt wurde bekannt, dass in dieser Erweckung etwas Außergewöhnliches geschah. In diesen fünf Jahren kamen die Hungrigen, die Zynischen und die Neugierigen aller Gesellschaftsschichten aus 150 verschiedenen Ländern. Hunderttausende weinten vor dem Altar, bereuten ihr sündiges Leben und gaben Jesus ihr Leben. Viele erlebten dramatische Veränderungen, Heilungen, Ehen wurden wiederhergestellt und Süchte gebrochen, als das Evangelium von Jesu Christus mit Klarheit verkündigt wurde. http://www.stevehill.org/steve-hill-bio.html

2   Kapitel 3: oxforddictioniaries.com; explorable.com

3   Kapitel 3: Madame Guyon - Gott durch Gebet erfahren, Thomas A. Kempis - Die Nachfolge Christi

4   Kapitel 3: Bethel School of Supernatural Ministry in Redding, Kalifornien. Eine vom Heiligen Geist inspirierte Bibelschule mit mehr als 2000 Bibelschülern unter der Leitung von Pastor Bill Johnson und Pastor Kris Vallotton. http://www.ibethel.org

5   Kapitel 3: Kenneth Copeland spricht in seinem Andachtsbuch: "Aus Glauben zum Glauben", am 1. September „Ausdauer und Beharrlichkeit bringt Resultate" zu diesem Thema.

6   Kapitel 3: Joseph Prince, Die Kraft des richtigen Glaubens

7   Kapitel 3: Rick Renner spricht auch mehr darüber in seinem Buch, „Paid in full - An in-depth look at the defining moments of Christ's passion".

8   Kapitel 4: Die geistliche Gabe der Erkenntnis, die auch als „Wort der Erkenntnis" bezeichnet wird. Das griechische Wort für diese Gabe ist gnosis und bedeutet einfach Erkenntnis und Verständnis. Die Betonung der Schrift in 1. Korinther 12,8 liegt auf der Fähigkeit, diese Erkenntnis in einer bestimmten Situation an andere weiterzugeben. Es ist eine Erkenntnis, die durch eine Offenbarung des Geistes kam.

9   Kapitel 4: God Triumphant: Reflections on the Church After Calvary; http://www41.homepage.villanova.edu/donald.burt/triumphant/26.htm

10   Kapitel 6: Steve Hills Andachtsbuch Daily Awakenings, 4. August - „Dying to self"

11   Kapitel 6: http://www.gotquestions.org/judgment-seat-Christ.html

12   Kapitel 7: E.W. Kenyon - nachzulesen in "Die Kraft deiner Worte" und anderen Büchern dieses Autors

KONTAKT

Teilen Sie uns mit, was das Buch in Ihnen bewirkt hat,
was Gott in Ihrem Leben tut und ob Sie Gebet wünschen!

Philipp Schmerold Ministries

Grossschieder 6

5144 Handenberg

<u>Österreich</u>

info@philippschmerold.com

Philipp J. Schmerold

www.PhilippSchmerold.com

ÜBER DEN AUTOR

Philipp J. Schmerolds Leben war von Hass und Gewalt geprägt, bevor Gott in sein Leben eingriff. Als verwandelter Mensch begann er sofort, von Jesus zu erzählen und erlebte, wie Gott Menschen rettete und heilte. Heute reist er in die ganze Welt, um das Evangelium zu predigen.

Er hatte starke Begegnungen mit Gott und wurde, als er 18 Monate Christ war, in einem Benny Hinn-Gottesdienst von Gott für den Dienst gesalbt. Er traf die Entscheidung, Jesus in allem nachzufolgen und das Evangelium kompromisslos zu verkünden.

Seine prophetische Botschaft ist eine Botschaft der Hingabe, des Glaubens, der Identität und Bestimmung durch das vergossene Blut von Jesus Christus, die er voller Leidenschaft verkündigt, weil er sehen möchte, dass die Verlorenen zu Jesus finden und die Gläubigen durch eine innige Gemeinschaft mit Gott wahre Jünger werden. Im Evangelium des Reiches Gottes und in einem hingegebenen Leben liegt unbegrenzte Kraft, welche die Nachfolger Christi befähigt, in Liebe und Glauben zu gehen und all das zu sein, was Gott für ihr Leben geplant hat. Daraus schöpft Philipp seine Leidenschaft, sowohl den Verlorenen als auch dem Leib Christi zu dienen. Allein in den ersten vier Jahren nach seiner Bekehrung betete er für Tausende, die Jesus als ihren Herrn und Retter annehmen wollten. Er ist auf allen 6 Kontinenten unterwegs, um auf Konferenzen, Evangelisationen, in Gemeinden verschiedener Denominationen oder einfach durch sein Leben, das er ganz natürlich übernatürlich lebt, zu predigen – und zu erleben, wie Jesus biblische Zeichen, Machttaten und Wunder wirkt. Er ist ein Absolvent der Bethel School of Supernatural Ministry in Redding, Kalifornien, und wurde vom Club 700 interviewt.

Seine Berufung wurde durch viele unleugbare Wunder sowie durch prophetische Worte von Reinhard Bonnke, Benny Hinn, Chris Franz, Prophet Manasseh und vielen anderen bestätigt.

Zum Zeitpunkt des Entstehens dieses Buches stehen Philipp und sein Dienst unter der Leitung der österreichischen Bewegung der Pfingstgemeinden/Freikirchen. Neben seinem vollzeitlichen Reisedienst dient er zurzeit in einer Gemeinde als Pastoralpraktikant, um später als Pastor ordiniert zu werden.

Weitere glaubensstärkende

- **Literatur**   • **Predigt**

- **Lehr CDs**   • **Musik**

- **und DVDs**

in deutscher und englischer Sprache sowie einen kosten-
losen Katalog fordern Sie bitte bei untenstehender Adress an

oder besuchen Sie uns im Internet unter:

www.shalom-verlag.eu

SHALOM-VERLAG

Nibelungenstraße 1, 94086 Bad Griesbach

Deutschland

Tel.: 0 85 32 - 9 27 12 12

Fax: 0 85 32 - 9 27 12 14

E-Mail: info@shalom-verlag.de

Weitere Publikationen des Shalom-Verlages:

Gloria Copeland

Der unbesiegbare Geist des Glaubens
Dem Vater wohlgefallen
Gottes Wille für deine Heilung
Dränge hinein – es lohnt sich!
Ernte der Gesundheit
Gottes Erfolgsformel
Gottes Wille für dich
Gottes Rezept für Gesundheit
Kämpfe weiter!
Leuchte weiter! Überwinde Verfolgung
Ohne Einlage kein Ertrag
Baue dir eine Arche – Befreiung von Gefahr
Das Warten lohnt sich
Lebe jetzt in den Segnungen des Himmels
Sei ein Gefäß zur Ehre!
Der Heilige Geist ist Gottes Wille
Baue dein finanzielles Fundament
Liebe – das Geheimnis zu deinem Erfolg
Die Kraft, ein neues Leben zu führen
Der Schutz der Engel
Bist du bereit?
Gott hat ein Wunder für dich
Jesus – derselbe heute
Wahrer Wohlstand
Wandle im Fluss des Heiligen Geistes
Gott sucht einen Empfänger
... und Jesus heilte sie alle
Vom Himmel hören
Über alle Maßen gesegnet
Verborgene Schätze (aus den Sprüchen)
Nichts ist so hoch wie der Allerhöchste
Wohlstand ist der Wille Gottes
Die Gnade, die uns heiligt

Kenneth Copeland

Der Blutbund
Der Segen des Herrn
Dein gerechter Stand vor Gott
Der übernatürliche Bereich der Liebe Gottes
Die Einstellung eines Siegers
Die Entscheidung liegt bei dir
Die Kraft der Gerechtigkeit
Die Kraft des Glaubens
Die Liebe versagt nie

Frei von Angst
Gebet – dein Fundament für Erfolg
Geben und Empfangen
Das Bild Gottes in dir
Glaube und Ausdauer – das Kraftduo
Jetzt, da du in Jesus Christus bist
Sechs Schritte zur Vortrefflichkeit im Dienst
Sorge dich nicht! - Sieg über Kummer und Leid
Wie diszipliniert man sein Fleisch?
Wie du stets die richtige Entscheidung triffst
Wie überwindet man Streit?
Willkommen in der Familie Gottes
Wir leben am Ende des Zeitalters ...
Unser Bund mit Gott
Wohlstand – die Entscheidung liegt bei Dir
In der Liebe ist keine Furcht
Verwandle deine Verletzungen in Ernteerträge!
Die geistlichen Gesetze des Wohlstands
Kriegsgerüchte
Die Macht der Zunge
Die Empfindsamkeit des Herzens
Ehre – Leben in Ehrlichkeit, Wahrheit u. Integrität
Die Kraft, für immer frei zu sein
Kenne deinen Feind
Liebesbriefe vom Himmel
Verwalter von Gottes und deiner Finanzen

Kenneth & Gloria Copeland

Aus Glauben zum Glauben (Andachtsbuch)
Baue dich auf (Andachtsbuch)
Grenzenlose Liebe (Andachtsbuch)
Trachte nach Seiner Gegenwart (Andachtsbuch)
Wohlstandsverheißungen
Kindererziehung ohne Angst

Commander Kellie/Ch.Maselli – Superkids

Die geheimnisvolle Gegenwart (Kinderroman)

Billy Joe Daugherty

Glaubenskraft
Wie man die Stürme des Lebens überwindet
Du bist wertvoll
Sieben Schlüssel zur Familien-Power
Vollkommener Sieg
Das Ziel: Reife
Fleiß bringt Ergebnisse
Brenne für den Herrn

Die neue Frau für die neue Gemeinde
Die Frau mit göttlichem Selbstwert
T. L. Osborn
Neue Aussichten
Glaube, Hoffnung und Liebe
Gebete, die Wunder wirken
Wagender Glaube
Drei Gaben, die dich zum Gewinner machen
100 Tatsachen über Heilung
Aufschwung des Glaubens
Im Zielpunkt mit Gott
Kraft der Liebe
Dynamisches Leben
Unbegrenzter Erfolg
Samen des Erfolgs
Handbuch für Seelengewinner
Heilung durch Christus
Die Sprache des Glaubens
Drei Schlüssel zur Apostelgeschichte
Gottes Bund der Fülle
Vorstoß (Weltevangelisation)
Wie erhält man Wunderheilung?
Du bist Gottes Bestes!
Der große Liebesplan
Die Kraft des göttlichen Begehrens
Krankenheilung (überarbeitete Neuauflage)
Glaube, der deine Welt verändert
Biblische Heilung
Die Botschaft, die funktioniert
Das beste Leben
Daisy & T.L. Osborn
Blick auf! Blick auf!
Als Jesus unser Haus besuchte
Osfo Fischanstecker (vergoldet)
Frederick K.C. Price
Wer ist Satan?
Gott für alles danken?
Wie vertraut man Gott f. d. richtigen Ehepartner?
Gottes Glaube ist jetzt
Homosexualität – angeborener Zustand oder ...?
Drei Schlüssel zum positiven Bekenntnis
Identifizierung mit Christus
Oral Roberts
Das Wunder des Saatglaubens

Jerry Savelle
Ehre dein Erbe des Glaubens
Wenn Satan deine Freude nicht rauben kann ...
Shalom-Verlag
Bekenntnisse (Gebete) für Kinder
Gott sehnt sich nach Dir
Kinder, ergreift die Waffenrüstung Gottes!
Lester Sumrall
Dämonen – das Buch der Antworten
Von der Vision ergriffen
Joseph
Welthunger
Hilton Sutton
Das Buch der Offenbarung enthüllt
Manfred Schmidt
Bete Verheißungen!
– Meine Worte werden nicht vergehen
Tod und Leben sind in der Gewalt der Sprache
Israel – Gibt es eine Lösung des Nahostkonflikts?
Wer darf sich in der Gemeinde als Dienstgabe bezeichnen?
Umhergeworfen ... von jedem Wind der Lehre
Wie kommt die Gemeinde zur Einheit des Glaubens?
Segenshindernisse
Kompromisse im Leib Christi
Gottes Plan der Evangelisation
Biblischer Gemeindebau
Stolz, Machtstreben und Geldgier – 3 Fallstricke Satans
Wie man ein völlig neuer Mensch wird und ...
Die 5 Taktiken Satans, Christen das Wort zu rauben
Wie lebt man das Christus-Leben?
Die göttliche Art des Glaubens
Ist Gott der Verursacher von Gutem und Bösem?
Brauchen Christen Befreiung?
Verstehe Gottes Autoritätsordnung
Sprich Gottes Wort! (vorher Neutestamentl. Gebete)
Erkenne verführende Geister
Wie hört man den Heiligen Geist?
Biblischer Wohlstand funktioniert
Casey Treat
Die Erneuerung des Sinnes
Word Ministries
Gebete, die viel bewirken (Band 1)
Gebete, die viel bewirken (Band 2)
Lilian B. Yeomans
Seine Heilungskraft